Martin Haug

Das achtzehnte Kapitel des Wendidad

Martin Haug

Das achtzehnte Kapitel des Wendidad

ISBN/EAN: 9783741171345

Hergestellt in Europa, USA, Kanada, Australien, Japan

Cover: Foto ©Andreas Hilbeck / pixelio.de

Manufactured and distributed by brebook publishing software
(www.brebook.com)

Martin Haug

Das achtzehnte Kapitel des Wendidad

Das

achtzehnte Kapitel des Wendidâd

übersetzt und erklärt,

(Als Probe einer vollständigen Uebersetzung dieses Werkes.)

Von

Dr. Martin Haug,

ordentl. Professor des Sanskrit und der vergleichenden Sprachwissenschaft an der
Universität zu München.

Abdruck aus den Sitzungsberichten der königl. bayer. Akademie der
Wissenschaften Jahrg. 1868. Bd. II.

MÜNCHEN
Akademische Buchdruckerei von F. Straub
1869.

Einleitung.

Ich erlaube mir als Probe einer neuen Uebersetzung
des Zendawesta, die bei der Wichtigkeit der Zendstudien für
Religionsgeschichte und Sprachvergleichung ein dringendes
Bedürfniss ist, ein Kapitel des Wendidâd vorzulegen. Zu
diesem Zwecke habe ich ein solches gewählt, das seinem
Hauptinhalt nach mit Sicherheit verstanden werden kann, und
desswegen geeignet ist, ein Kriterium für die bis jetzt vorhandenen Uebersetzungen des Wendidâd zu bilden. Meine
eigene stützt sich auf unabhängige Forschung ebensowohl als
auf die pârsische Tradition, wie ich sie, als der erste Euro-
päer, seit Anquetil's Zeit (also seit etwa 100 Jahren) unter den
gelehrtesten Pârsipriestern selbst, und nicht aus mangelhaften
europäischen Werken darüber, studirt habe. Die traditionelle
Uebersetzung und Deutung überall als die richtige anzunehmen sehe ich ebensowenig einen haltbaren Grund als
die Uebersetzer des alten Testaments, wenn sie sich von der
Uebersetzung der Septuaginta und den chaldäischen Para-
phrasen, und die Erklärer des Homer, wenn sie sich von
Eustathius emancipiren. Ich habe indess nichts übersetzt,
ohne die Tradition vorher zu prüfen und in vielen Fällen
sie auch angenommen. Alle wichtigen Abweichungen, sowie
die wichtigern Glossen gebe ich in Noten, nebst der Begründung meiner abweichenden Ansichten, wo es nöthig

1

schien. Bei der Uebersetzung war ich vor allem darauf be-
dacht, einen wirklichen Sinn in die Stellen hineinzubringen,
da mit einer Uebersetzung voll unverstandener sinnloser
Sätze den Lesern nicht gedient ist. Alles und jedes zu ver-
steben, masse ich mir nicht an; manches wird in dieser
Uebersetzung auch noch dunkel bleiben. Doch habe ich
mich nach Kräften bestrebt, die Dunkelheiten zu heben.
Das in Rede stehende 18. Kapitel (Fargard) des Wendidâd scheint ursprünglich eben so wenig zu diesem Werke
gehört zu haben, wie die nachfolgenden Kapitel 19—22. Es
sieht wie entlehnt aus; sein Anfang ist ganz abrupt. Auch
der äussere Rahmen ist ganz anders als in den ersten
17. Kapiteln. Während dort es stets heisst: 'Zarathustra
fragte den Ahura-mazda', finden wir hier eine ganz andere
Formel, indem Ahura-mazda selbst den Zarathustra auf-
fordert, ihn zu fragen. Auch enthält es ein merkwürdiges
Gespräch des Sraoscha (Serosch) mit einer Dämonin, der
Drukhs, das wieder aus einer andern Quelle zu stammen
scheint. Der Inhalt ist ein mannigfaltiger und kurz folgender: 1) wer ein falscher und wer ein ächter Feuerpriester
sei (1—7); 2) wie man ein Abtrünniger vom Zoroastrischen
Glauben wird, und welche verderbliche Folgen (physisch und
moralisch) ein solcher Abfall vom wahren Glauben habe
(8—12) vgl. Wend. 5, 35—38 wo derselbe Gegenstand be-
handelt ist; 3) über den Vogel Parôdars, (Hahn), den Amtsdiener des Engels Serosch und die wichtigen Dienste, die
er der schlafenden Menschheit leistet, und über die Bitte
des Feuers an die Menschen, das während der Nacht unter-
halten sein will; der Feuersegen und die Folgen, das Ge-
schenk von einem Hahn und einer Henne (13—29); 4) Gespräch des Serosch mit der Dämonin Drukhs über ihre
vier Männer und wie die teuflische Brut, die sie durch Umgang mit diesen empfangen, zu zerstören sei (30—59);
5) über die ärgste Beleidigung Ahura-mazda's, nämlich Um-

gang mit einer Hure, wodurch die Schöpfung, Wasser,
Bäume u. s. w. verdorben werden; die Hure ist dargestellt
als giftiger und verderblicher denn Schlangen (60—65);
6) über das Verbot einer menstruirenden Frau beizuwohnen
und die schwere Strafe und Sühne für ein solches Ver-
brechen (66—76).

So sonderbar die meisten der in diesem Kapitel ent-
haltenen Vorschriften unseren Anschauungen auch erscheinen
mögen, so athmen sie doch einen tief sittlichen Geist. Sie
zeigen einen Zusammenhang zwischen der physischen und
moralischen Weltordnung. Was im religiösen Gesetz als
Sünde gilt, hat nicht bloss moralische Folgen für den, der
sie begangen hat, sondern auch physische für die ganze
Umgebung. Ein Sünder ist eine Plage für die ganze gute
Schöpfung, indem selbst die Wasser, Bäume u. s. w. darunter zu leiden haben. Die Strafen für die Uebertretung
des religiösen Gesetzes sind meist sehr hart und scheinen
manchmal kaum ausführbar gewesen zu sein. Indess eine
Sühne wird für die meisten Vergehen zugestanden; manche,
wie der Umgang mit einer Hure, ohne den heiligen Gürtel
und Hemd, gelten für unsühnbar. Die Strafen sind äusser-
liche, und meist darauf berechnet, irgend ein der guten
Schöpfung nützliches Werk auszuführen, wie Tödtung von
schädlichen Geschöpfen, Schlangen, Fröschen, Mäusen, das
Bauen von Brücken u. s. w. Auch haben die Priester, von
denen diese Strafbestimmungen ausgingen, sich selbst dabei
nicht vergessen, indem die Sündigen Holz, Opferthiere
u. s. w. dem Tempel zu liefern hatten.

Uebersetzung.

(1) (Es giebt) viele Menschen, so sprach Ahura-Mazda, o frommer Zarathustra! (die) das andere Mundtuch [1]) tragen (wie es sich nur Priestern geziemt), ohne mit dem Glauben bekleidet zu sein (d. i. ohne ihn genügend zu kennen); fälschlich nennt man (einen solchen) einen Feuerpriester *(âthrava)*; nenne ihn keinen Feuerpriester, so sprach Ahura-Mazda, o frommer Zarathustra! (2) (Wer) den andern *Khrafstraghna*[2]) trägt, ohne mit dem Glauben bekleidet zu sein, nennt man fälschlich einen Feuerpriester; nenne ihn keinen Feuerpriester, so sprach Ahura-Mazda, o frommer Zarathustra! (3) (Wer) den andern Baumzweig[3]) trägt (wie

---

1) Diess ist der *paiti-dâna* Pehl. *padâm*, Pârsi *penom*. Er besteht aus zwei Stücken Tuch mit zwei Bändern, die hinten geknüpft werden. Er muss von der Nase bis zwei Zoll über den Mund hinabreichen. Es giebt zwei Arten von Penom, einen für die Priester, die andere für die Laien (s. *An old Zand-Pahlavi Glossary edited by Destur Hoshengji and Haug* S. 128). Da der Hauch, der aus dem Munde oder der Nase kommt, für unrein gilt, so muss der Mund mit einem solchen Tuche bedeckt werden, wenn man sich dem heiligen Fener nähert. Die Laien halten bei einer solchen Gelegenheit ihre Aermel vor den Mund; die Priester aber tragen einen regelrechten Penom.

2) Diess ist ein Werkzeug, um schädliche Geschöpfe, die *Khrafstras* heissen, zu tödten. Darunter versteht man Mäuse, Frösche, Schlangen, Ameisen u. s. w. Es werden zwei Arten solcher Werkzenge unterschieden, diejenige, welche von den Herbads (Priestern) und die, welche von Laien gebraucht werden. Gegenwärtig ist ein Instrument derart nicht mehr im Gebrauch.

3) Diess ist der sogenannte Barsom, Zend *barenman*, ein Büschel von Baumzweigen, die beim Gottesdienst gebraucht werden. Es scheint auch zwei Arten gegeben zu haben, die eine für die Priester, die andere für die Laien. Den Gebrauch solcher Zweige bei den Magern erwähnt bereits Strabo (XV, pag. 733. ed. Casau-

er nur Priestern gestattet ist) ohne mit dem Glauben bekleidet zu sein, den nennt man fälschlich einen Feuerpriester; nenne ihn keinen Feuerpriester, so sprach Ahura-Mazda, o frommer Zarathustra! (4) (Wer) den tödtlichen Dolch ⁴) (beim Tödten von Opferthieren) handhabt, ohne mit dem Glauben bekleidet zu sein, (den) nennt man fälschlich einen Feuerpriester, so sprach Ahura-Mazda, o frommer Zarathustra! (5) Wer die ganze Nacht daliegt, ohne (den Jasna) zu beten, ohne (die Gâthas) zu recitiren, wer nicht zählt (die Zahl der *Ahû-vairyô*, *Ashem-vohû* Gebete u. s. w.), wer keine Ceremonien vollzieht, wer nicht lernt (den Awesta), wer nicht lehrt (denkend) sich zu erwerben eine Seele (die ihn befähigt die Brücke) Tschinwat (nach seinem Tode zu überschreiten), den nennt man fälschlich einen Feuerpriester, nenne ihn keinen Feuerpriester, so sprach Ahura-Mazda, o frommer Zarathustra! (6) Den nenne einen Feuerpriester, so sprach Ahura-Mazda, o frommer Zarathustra! wer die ganze Nacht hindurch den frommen Verstand befragen sollte, (d. i. sich als Lehrer oder Schüler anstrengt), der vom Elend befreit, der weit macht die Tschinwat Brücke (dass man sie überschreiten

_____

bonus). Eine Anspielung darauf macht schon der Prophet Ezechiel (8, 16. 17).

4) Die Pehlewiversion übersetzt *as'trâm mairim* durch *as'tar mârkum*, was man als 'Schlangenstachel' deutet, d. h. wohl ein Instrument, um die Schlangen zu tödten. Diese Erklärung halte ich für irrig, 1) weil es ganz auffallend wäre, dass der Priester ausser dem *Khrafstraghna*, der zur Tödtung aller schädlichen Geschöpfe, also auch der Schlangen, bestimmt ist, noch ein besonderes Werkzeug zum Tödten der Schlangen tragen sollte; 2) weil die Schlangen mit gar keinem spitzen Werkzeuge getödtet, sondern gewöhnlich mit einem Knüttel todtgeschlagen werden, denn sie zu stechen, wäre unter Umständen sehr gefährlich; 3) weil sich das Wort *mâra* für Schlange im Zend gar nicht nachweisen lässt und *mairim* von *mairya* sonst eben 'schädlich, verderblich', oder auch 'todeswürdig' heisst. S. weiter die Note am Ende.

·kann, der Wohlbehagen gewährt, der Leben, Frömmigkeit
und das Beste verschafft, (nämlich) das beste Leben (die
Seligkeit).

(7) Frage Aufrichtiger! mich wieder den Schöpfer, den
weisesten, den der am meisten weiss, den der am meisten
Antworten giebt, wenn er gefragt wird; (denn) so wird es
besser für dich sein, so wirst du weiser werden, wenn du
mich wieder fragst. (8) Zarathustra fragte Ahura-Mazda;
o Ahura-Mazda, weisester Geist, Schöpfer der mit Körpern
begabten Besitzthümer, Wahrhaftiger! wodurch wird man
ein todeswürdiger Verbrecher? (9) Darauf sagte Ahura-
Mazda: (wer) in einem verderblichen Glauben unterweisen
sollte; wer während dreier Frühlinge den Kosti⁵) nicht anlegt, noch die Gâthas hersagt, noch den guten Wassern
seine Verehrung darbringt. (10) Und wer mir diesen Mann
der (durch solche Unterlassungen) in die Huß gerathen ist,
wieder frei lassen sollte, der thut kein besseres Werk als
wenn er einem die Haut in ihrer Breite vom Kopfe schinden
würde. (11) Denn⁶) das Gebet, das ein solcher sündiger
unfrommer Verderber des Wahren (spricht), verlängert das
Kinn, das von zwei (solchen Leuten) verlängert die Zunge;
von drei (solcher Leute) giebt es keines (kein solches Gebet, das irgend ein Unheil hervorruft); vier (solcher Leute)

---

5) Der Kosti αἰωγᾶοῃhαηεm ist ein aus 72 Fäden bestehender
Gürtel, den der Pârsi stets tragen muss als Zeichen seiner Ange-
hörigkeit an die Zoroastrische Gemeinde.
6) Dieser Vers ist nicht ganz klar. Es ist zweifelhaft, ob der
Text in Ordnung ist. Der Sinn scheint der zu sein, dass Abtrünnige
physisches Uebel über die Zoroastrische Gemeinde bringen. Wir wissen
aus dem zweiten Kapitel des Wendidâd, dass körperliche Deformitä-
ten für etwas Ahrimanisches, also vom Teufel Verursachtes gelten.
Die Worte: das Gebet, das ein solcher u. s. w. übersetzt Spiegel:
denn für einen Schädlichen, Bösen, Unreinen ist der
Segenswunsch von Grösse, eine Waffe zu schlagen.

beschreien von selbst (die andern, verzaubern sie). (12) Wer einem (solchen) sündigen, unfrommen Verderber des Wahren (d. i. einem Abtrünnigen) vom zubereiteten Homasafte giebt, oder von den geweihten Fleischstücken, der thut kein besseres Werk, als wenn er eine aus tausend Reitern belebende Armee in die Mazdajasnischen Dörfer führte, die Männer erschlüge, (und) das Vieh als Beute wegführte [7]).

(13) Frage, Aufrichtiger! mich wieder, den Schöpfer, den weisesten, den der am meisten weiss, den der am meisten Antworten giebt, wenn er gefragt wird; (denn) so wird es besser für dich sein, so wirst du weiser werden, wenn du mich wieder fragst. (14) Es fragte Zarathostra den Ahura-Mazda, Ahura-Mazda! weisester Geist, Schöpfer der mit Körper begabten Besitzthümer, Wahrhaftiger! Wer ist der Amtsdiener [8]) des heiligen starken Sraoscha (Serosch), der das verkörperte heilige Wort ist, der mit Ungestümm anrennt (gegen die Dewas), der dem Ahura (Mazda) zugehört? (15) Darauf sprach Ahura-Mazda: Der Vogel Parô-darś (Hahn) [9]) mit Namen, Zarathustra Spitama! den die übel-

---

7) Diese bezieht sich deutlich auf solche Zoroastrier, die mit den Turaniern, den jetzigen Turkmanen, im Bunde standen, als in die iranischen Dörfer führten und ihre Raubzüge überhaupt begünstigten. Derartige Verrätherei soll heute noch in den östlichen Provinzen Persiens vorkommen. — Spiegel übersetzt: Der thut kein besseres Werk, als wenn er tausend Pferde tödtete, in einem mazdaznischen Dorf die Männer erschlüge, die Kühe den unrechten Weg führte.

8) So übersetze ich sraoshâvareza (ein den Gehorsam vollziehender, der das ihm aufgetragene vollzieht). Siehe darüber weiter meine Schrift: 'Ueber den gegenwärtigen Stand der Zendphilologie' pag. 28—30.

9) Hierzu bemerkt die Pehlewiübersetzung, dass er desswegen so heisse, weil er zuerst (parô) am Morgen die Flügel schüttle, und seine Stimme erschallen lasse. Vielleicht bedeutet der Ausdruck 'der Vorsehende' d. i. der die Ankunft des Tages voraussieht.

redenden Menschen Kikiriki benennen. Dieser Vogel erhebt
dann seine Stimme beim Anbruch der siegreichen Morgenröthe
(und ruft): (17) Erhebt euch, Menschen! preist das Wahre
welches das Beste (ist); verschwunden (sind) die Dewas.
Jene (Teufelin) *Búshyásta* mit den langen Händen, lullt die
ganze mit Körpern begabte Welt, nachdem sie einmal zum
Lichte erwacht ist, wieder in den Schlaf (indem sie ruft):
,,schlaf lange Mensch! nicht passt es für dich (jetzt aufzu-
stehen). (17) Pflegt nicht die drei besten (Dinge), den
guten Gedanken, das gute Wort, die gute That, pflegt aber
die drei schlechtesten Dinge, den schlechten Gedanken, das
schlechte Wort, die schlechte That" [10]). (18. 19.) Dann
bittet mein Feuer, (der Sohn) des Ahura-Mazda, für das
erste Drittel der Nacht, den Hausherrn um Hilfe (mit den
Worten): Erhebe dich, zieh deine Kleider an, wasch deine
Hände, hole Holz, bringe es zu mir, lass mich wieder durch
reines Holz mit gewaschenen Handen aufflammen; zu mir
ist der von den Dewas geschaffene Axie [11]) gekommen; er
unternimmt sich um (mein) Leben festzuklammern (um es
zu ersticken). (20. 21) Dann bittet mein Feuer, (der
Sohn) des Ahura-mazda für das zweite Drittel der Nacht
den Landmann um Hilfe (mit den Worten): stehe auf, Landmann, ziehe deine Kleider an u. s. w. (wie in § 19). (22)
Dann bittet mein Feuer, (der Sohn) des Ahura-Mazda den

---

10) Diess sind die Worte des Dewa Búschjásta (Pehl. *búshásp*),
des Einschläferers, des personificirten Morgenschlafs. So werden sie
auch von der Pehlewiübersetzung und den modernen Dasturs gefasst. Diese Fassung ist auch vom Zusammenhang geboten: s. die
Note zu 17. Die Uebersetzung 'langer Schlaf gexiemt sich nicht für
dich, o Mensch' würde zwar einen ganz guten Sinn geben, aber sie
passt nicht in den Zusammenhang. Zudem läszt sich *qafra* nicht
wohl als 'Schlaf' fassen, sondern nur als Imperativ.

11) Dieser Dämon kommt an mehreren andern Stellen vor, wo
17, 46. 67, 22 (Sp.) Der Name soll 'Gier' bedeuten.

heiligen Sraoscha um Hilfe (mit den Worten): heiliger
schöner Sraoscha! Bringt mir irgend Jemand [12]) in der mit
Körper begabten Welt reines Holz mit gewaschenen Händen?
Der von den Dewas geschaffene Azis ist zu mir gekommen;
er unternimmt sich um (mein) Leben festzuklammern (um es
zu ersticken). (23) Dann weckt der heilige Sraoscha den
Vogel Parôdars auf, Zarathustra Spitama! welchen die übel-
redenden Menschen Kikiriki nennen u. s. w. (wie 15). (24.
25. wie 16. 17). (26) Dann sprechen zwei benachbarte
Freunde, wenn sie im Bette liegen (zu einander): steh' du
auf; er (der Hahn durch sein Geschrei) treibt mich heraus
(aus meinem Bette). Wer unter zweien zuerst aufsteht, kommt
ins Paradies; wer von zweien zuerst reine Holzstücke zu
dem Feuer, (dem Sohne) des Ahura-Mazda, mit gewaschenen
Händen bringt, den wird das Feuer, da es befriedigt ist und
kein Leid that, auf folgende Weise segnen [13]):
(27) Möge dir eine Heerde Vieh zu Theil werden! möge
dir eine Menge Söhne erblühen! möge dir ein arbeitsamer
Geist und ein arbeitsames (fleissiges und mit Erfolg ge-
kröntes) Leben werden! [14]) mögest du dich einer (diesem)
Ausspruch gemässen Existenz erfreuen so viel Nächte als du
leben wirst". Diess ist der Segenswunsch des Feuers (für
den) der ihm trockenes, zum Brennen abgelagertes, durch
das laute Aussprechen (des Gebetes) *ashem (vohû)* gereinigtes
Holz bringt. (28) Und wer von diesen meinen Vögeln, ein
Weibchen und ein Männchen (Hahn und Henne), die sich paaren,

---

12) Der Zendtext ist, wie er steht, corrupt. Ich habe nur nach
einer Conjectur übersetzt. S. die Note 22.
13) Der hier angegebene Segen des Feuers findet sich auch im
Jasna 62, 9. 10. Siehe weiter die Note zu 26.
14) Die Pehlewi-Uebersetzung hat: Der Wunsch deines Herzens
wird dir erfüllt; dein Wunsch nach Leben wird verwirklicht, d. i.
du wirst alles erhalten, was du wünschest.

einem frommen Manne in gutem Glauben übergiebt, der
möge seine Gabe (der) eines Palastes mit hundert Säulen,
tausend Balken, zehntausend Zimmern und zehntausend
Warten (Fenstern?) gleichachten. (29) Wer diesem meinem
Vogel Parôdars Fleisch (nur) von der Grösse eines Fingers (?)
geben sollte (zum Fressen), mit dem werde ich mich, der
ich Ahura-Mazda bin, nie ein zweites Mal wieder unter-
halten; fort werde ich (sogleich) zum Paradiese (meiner
Wohnung) gehen (um dort zu bleiben.) [15]).

(30) Der heilige Sraoscha fragte, nachdem er seine
Keule weggelegt hatte, die Drukhs: Drukhs, du schlechte,
müssige (Person)! wirst du allein unter allen (Weibern)
in der mit Körper begabten Welt schwanger ohne Beischlaf?
(31) Darauf antwortete die teuflische Drukhs: Sraoscha,
heiliger, schöner! nicht werde ich in der ganzen mit Körper
begabten Welt schwanger ohne Beischlaf; denn ich habe
wirklich vier Männer [16]); diese beschlafen mich gerade so
wie andere Männer den Beischlaf üben um (ihre) Frauen
zu befruchten. (33) Sraoscha, der Heilige, fragte die
Drukhs, nachdem er seine Keule weggelegt: Du schlechta,
müssige Drukhs! welches ist der erste dieser deiner Männer?
(34) Darauf antwortete ihm die teuflische Drukhs: Heiliger,
schöner Sraoscha! Der ist der erste dieser meiner Männer,
wer auch nicht das geringste von ungebrauchten Kleidungsstücken' einem Gläubigen mit gutem Glauben giebt [17]), wenn
er darum gebeten wird. (35) Dieser wohnt mir so bei
wie andere Männer u. s. w. (s. 32). (30) Der heilige
Sraoscha fragte die Drukhs, nachdem er seine Keule weg-

---

15) Diess scheint mir der muthmaaliche Sinn dieser äusserst
schwierigen Stelle zu sein.

16) Spiegel: Es giebt vier Männer meinesgleichen.

17) Es ist Sitte bei den Parsis Religionsgenossen neue Kleider
zu schenken. Diess gilt für ein gutes Werk.

gelegt halte: Du schlechte müssige Drukhs! was ist die Vernichtung dieser (Schwangerschaft)? (37) Darauf antwortete die teuflische Drukhs: Heiliger, schöner Sraoscha! Diess ist die Vernichtung dieser (Schwangerschaft), wenn man auch nur das geringste von ungebrauchten Kleidungsstücken einem Gläubigen in gutem Glauben gibt, ohne darum gebeten zu sein. (38) Der tödtet meine Embryos ebenso, wie wenn ein vierbeiniger Wolf ein Kind aus Mutterleibe herausrisse[18]).

(39) Der heilige Sraoscha fragte die Drukhs, nachdem er seine Keule weggelegt hatte: Schlechte müssige Drukhs, welches ist der zweite dieser deiner Männer? (40) Darauf antwortete die teuflische Drukhs: Heiliger, schöner Sraoscha! der ist der zweite dieser meiner Männer, der einen Prapad (Vorfuss) weit über die Spitze des Vorfusses hinauspisst; (41) der wohnt mir so bei, wie andere Männer u. s. w. (s. 32). (42) Der heilige Sraoscha fragte die Drukhs, nachdem er die Keule weggelegt hatte: Du schlechte, müssige Drukhs! was ist die Vernichtung dieser (Schwangerschaft)? (43) Darauf antwortete ihm die teuflische Drukhs: Heiliger, schöner Sraoscha! Diess ist die Vernichtung dieser (Schwangerschaft): wenn man sich (von dem Platze, wo gepisst worden ist[18]) erhebt (und nachdem man) drei Schritte (davon entfernt ist) dreimal das *Ashem-vohu* Gebet (Jas. 27, 14.),

---

18) Hiezu bemerkt die Pehlewiübersetzung: Es folgt aus diesem Awesta (Schriftstelle) dass, wenn wir in der Fülle des Reichthums leben, wir unaufgefordert unsern Mitmenschen davon mittheilen müssen; wenn wir also handeln, wird die Macht der Darudsch (Drukhs, die dämonische Gewalt der Vernichtung) gebrochen. Auch wenn wir ihnen geben, falls sie uns darum fragen, wird die Darudsch vernichtet. Wenn wir unaufgefordert einem frommen Manne etwas geben, wenn es uns auch weh thun sollte, so wird die Darudsch doch nach der Ansicht einiger zerstört.

19) Die Parsis, wie die Hindus, thun diess in einer kauernden Stellung, nicht stehend.

zweimal *humatanâm* (Jas. 35, 2), dreimal *hukhshathrôtemâi*
dabei hersagt, darauf vier *yathâ-ahû-vairyô*-Gebete (Jas.
27, 13) recitirt (und dann) *yén'hê-hâtâm* (Jas. 7, 27) betet,
(44) dann zerstört er meine Embryos gerade so, als ob ein
vierbeiniger Wolf ein Kind aus dem Mutterleibe herausrisse [20]).

---

20) Die Pehlewiübersetzung bemerkt hier: Aus diesem Awesta
ist klar, dass wenn ein Mann auf eine verbotene Weise Wasser lässt,
einen Prapad über den Prapad (der gestaltet ist) hinaus, so hat
seine Tanâfûraûnde *(tanuperetha)* begonnen; sie wird vermittelst des
Awesta (d. i. Herasgen der genannten Awestastellen) weggeschafft
(d. h. ihre nachtheiligen Folgen werden aufgehoben). Wenn er
stehend Wasser lässt, so hat seine Tanâfûraûnde begonnen. Wenn
sie nicht durch das Awesta weggeschafft wird, so wird sie annehmen
und nicht klein werden; sie wird an dem bleiben, über den sie gekommen ist (d. h. er wird ihrer nicht mehr los werden, wenn er
sie nicht durch das Herasgen der genannten Awestastellen weg-
schafft). Zuerst ist sie klein, wie aus folgender Stelle hervorgeht:
joad (chvad?) hê kasis'tahê eresvô fratemem dbishis' d. i. das erste
Vergehen ist nur so gross, als der kleinste Finger. In knaernder
Stellung soll man Wasser machen und sich entleeren. Gogoschasp
sagte: nur, wenn man ganz ausgezogen ist, darf man Wasser auf
einige Entfernung machen. Wenn es geschehen, und zwar in
knaernder Stellung, so soll man ein *Yathâ-ahû-rairyô* herasgen.
Sosiosch sagte: wenn diess einem auf der Strasse passiren sollte,
dass man es stehend that, so soll man, nachdem man drei Schritte
gegangen, alle Awestastellen, (die hier erwähnt sind, nicht *yathâ-
ahû-vairyô* allein) herasgen. Einige sagen, man solle sie herasgen,
ohne dass man die drei Schritte macht. Zuerst soll er Wasser
lassen, und dann alle die (erwähnten) Awestastellen herasgen. Wenn
er bei dieser Gelegenheit die drei Schritte nicht macht, so müssen
die Awestastellen mit leiser Stimme hergesagt werden, wenn es
nach dem Gesetze geschehen soll u. s. w. — Der Ausdruck 'vierbeiniger Wolf' könnte auffallen, da der Wolf ja als ein vierfüssiges
Thier bekannt ist. Das Wort 'vierbeinig' steht nur, weil der Zenda-
weste, wie die Tradition, auch 'zweibeinige Wölfe' kennt, worunter wir
die sogenannten Währwölfe (Menschenwölfe) zu verstehen haben.

(45) Der heilige Sraoscha fragte die Drukhs, nachdem er seine Keule weggelegt hatte: Schlechte, müssige Drukhs, wer ist der dritte dieser deiner Männer? (46) Darauf antwortete die teuflische Drukhs: Heiliger schöner Sraoscha! der ist der dritte meiner Männer, welcher während des Schlafes Saamen laufen lässt (47). Der wohnt mir so bei wie andere Männer u. s. w. (s. 32) (48) Der heilige Sraoscha fragte die Drukhs, nachdem er die Keule weggelegt hatte. Schlechte müssige Drukhs! was ist die Vernichtung dieser (Schwangerschaft)? (49) Darauf antwortete ihm die teuflische Drukhs: Heiliger, schöner Sraoscha! Diess ist die Vernichtung dieser (Schwangerschaft), wenn man; nachdem man vom Schlafe erwacht ist, dreimal *ashem* dabei betet, zweimal *humatanãm*, dreimal *hukhshathrôtemãi*, darauf vier *yathã-ahú-vairyô* hersagt (und) *yẽn'hẽ hãtãm* betet; (50) der vernichtet meine Embryos ebenso wie wenn ein vierbeiniger Wolf ein Kind aus Mutterleib herausrisse. Dann spricht er zu der Genie der Erde *(Speñta-Armaiti)*: ich übergebe dir diesen Mann (den entfahrenen Saamen), übergieb Du mir ihn bei der siegreichen Wiederbringung aller Dinge (zur Zeit der Auferstehung der Todten[21]) als kundig der Gâthas, des Jaêna, als Hörer (meiner) Unterredung[22], als geschickt, gebildet, als ein verkörpertes heili-

---

21) Der Ausdruck im Zendoriginal ist *frashô-kereti* 'das Fortdauernmachen' nämlich des Lebens, das durch den Tod zerstört war. Siehe Ausführliches hierüber in meinem Werk über die Gâthas I, pagg. 109—112.

22) Diese Ausdrücke beziehen sich auf die verschiedensten Theile der heiligen Schriften, die der fromme Zoroastrier, namentlich der Priester, auswendig wissen soll, nämlich die fünf Gâthas, d. i. die heiligsten Gebete, den Jasna (wahrscheinlich den *Yasna haptoņhaiti* Jas. 85—42, ebenfalls im Gâtha-Dialekte verfasst) und eine Sammlung von Unterredungen Zarathustra's mit: Ahura-Mazda *(paiti-pars'ta)*, also ein Buch ähnlich dem Wendidâd.

ges Wort[23]). (52) Dann sollst du ihm einen Namen geben (wie) *átare-dâta* d. i. Feuererzeugt, *átare-chithra* d. i. Feuersamen oder *átare-sañtu* d. i. Feuerstamm, oder *átare-daqyu* Feuerland, oder irgend einen mit (dem Wort) *átare* d. i. Feuer, gebildeten Namen[24]).

(53) Der heilige Sraoscha fragte die Drukha, nachdem er seine Keule weggelegt hatte: Schlechte, müssige Drukha, wer ist der vierte dieser deiner Männer? (54) Darauf antwortete die teuflische Drukha: Heiliger, schöner Sraoscha! der ist der vierte dieser meiner Männer, wer nach (seinem) fünfzehnten Jahre ohne Gürtel und Gewand (d. i. nackt) einer Hure beiwohnt. (55) Kurz nachdem er den vierten Schritt (wenn im Weggehen begriffen) gemacht hat, fahren wir in seine Zunge und Mark; die (so von uns) Besessenen fügen den mit Körper begabten Besitzthümern der guten Schöpfung Schaden zu, gerade wie Hexen und Zauberer die Besitzthümer der guten Schöpfung zerstören. (56) Der heilige Sraoscha fragte die Drukha, nachdem er seine Keule weggelegt hatte: Schlechte müssige Drukha! was ist die Vernichtung dieser (Schwangerschaft)? (57) Darauf antwortete die teuflische Drukha: Heiliger, schöner Sraoscha! von dieser giebt es keine Vernichtung. (58) Wenn ein Mann nach seinem fünfzehnten Jahre u. s. w. (wie 54. 55).

(60) Frage Aufrichtiger! mich wieder, den Schöpfer, den weisesten, den der am meisten weiss, den der am meisten Antworten giebt, wenn er gefragt wird, so wird es besser für dich seyn, so wirst du weiser werden, wenn du mich wieder

---

23) Der Ausdruck ist im Zend *tanu-mâthra*. S. darüber meine. Schrift 'Ueber den gegenwärtigen Stand der Zendphilologie' p. 40.

24) Dasselbe geschieht, wie mir Destur Hoschengdschi mittheilte, mit einem todtgebornen Kinde. Alles muss einen Namen haben. Die mit dem Wort für 'Feuer' *(átare)* zusammengesetzten scheinen die allgemeinsten gewesen zu sein.

fragst. (61) Zarathustra fragte Ahura-Mazda: Ahura-Mazda, weisester Geist! Schöpfer der mit Körper begabten Besitzthümer, Wahrhaftiger! wer beleidigt dich, Ahura-Mazda! am meisten? [25]) (62) Darauf sprach Ahura-Mazda: die Hure, frommer Zarathustra, welche den Samen der mit magischer Kraft Begabten und derer, die solche nicht haben, der Teufelsverehrer und derer, die keine sind, der Sünder und Nichtsünder zusammenlaufen lässt. (63) Durch (ihren) Blick, Zarathustra! verwandelt sie ein Drittel des starken von den Bergen herabströmenden Wassers in einen Sumpf; durch (ihren) Blick, Zarathustra! vernichtet sie das Wachsthum eines Drittels der wachsenden Bäume, der trefflichen, von goldener Farbe (d. i. die goldenen Früchte tragen) o Zarathustra! (64) Durch (ihren) Blick vernichtet sie ein Drittel der Bekleidung der Erde (d. i. des Grases, der Kräuter), Zarathustra! durch ihre Unterhaltung beraubt sie einen frommen Mann (einen Gläubigen) eines Drittels seiner Fülle guter Gedanken, guter Worte und Thaten, Stärke, Sieghaftigkeit und Frömmigkeit, Zarathustra! (65) Ich sage Dir, Zarathustra Spitama! solche (Personen, wie Huren) sind verderblicher als Schlangen, die (auf einen) losstürzen, oder als wüthende Wölfe, oder als eine Junge säugende (?) Wölfin, wenn sie in eine Hürde (von Schafen oder Vieh) einbricht, oder ein (laichender) Frosch, der mit einem Tausend (junger Frösche) schwanger ist, wenn er ins Wasser sich stürzt (und es durch seinen Laich verunreinigt) [26]).

_____

25) Ich habe die Worte kd masis'ta dbadahaṇha dbakhayéiti nicht besonders übersetzt, da sie nur eine Erklärung des ältern und schwerer verständlichen masis'toya inti inaoiti sind.

26) Spiegel übersetzt diesen Paragraphen also: Wegen dieser sage ich dir, o heiliger Zarathustra, dass sie eher zu tödten sind denn giftige Schlangen. Als Wölfe mit Klauen. Als eine Wölfin,

16

(66) Frage Aufrichtiger! wieder mich, den Schöpfer, den
weisesten, den der am meisten weiss, den der am meisten
Antworten giebt, wenn er gefragt wird; so wird es für dich
besser sein, so wirst du weiser werden, wenn du mich wieder
fragst. (67) Es fragte Zarathustra den Ahura-Mazda: Ahura-
Mazda! weisester Geist! Schöpfer der mit Körper begabten
Besitzthümer! Wahrhaftiger! (67) Wer einer Frau, von der
eine weissliche und gelbliche Flüssigkeit nebst Blut kommt
(d. h. eine die ihre monatliche Reinigung hat) wissentlich
und im Bewusstsein (seiner Strafbarkeit) beiwohnt, die es
(ebenfalls) weiss und erkannt hat und (der Strafbarkeit)
sich bewusst ist (68), was ist dafür die Strafe, was die
Sühne? Was für Werke kann der Strafbare dagegen thun?
(d. h. durch welche Werke kann er die schlimmen Folgen
seiner Handlung aufheben)? (69) Darauf sagte Ahura-Mazda:
wer einer Frau, von der eine weissliche und gelbliche
Flüssigkeit nebst Blut kommt (d. h. eine, die ihre monatliche Reinigung hat) wissentlich und im Bewusstsein (seiner
Strafbarkeit) beiwohnt, die es (ebenfalls weiss und erkannt
hat, (und der Strafbarkeit) sich bewusst ist; (70) der soll
sich eintausend Stück Kleinvieh verschaffen, und die Nierenfettstücke aller dieser Thiere in Güte und Wahrheit dem
Priester (zaota) für das Feuer darbringen; er soll durch
(Hin- und Herbewegung) des Arms (sie) den guten Wassern
darbringen. (71) Er soll eintausend Lasten harten Holzes,
das gut geschlagen und trocken ist, dem Feuer in Güte
und Wahrheit darbringen; er soll (ferner) eintausend
Lasten weichen Holzes, entweder vom Sandel- oder Ben-
zoin, oder Aloe oder Granatapfelbaum [27]), oder irgend

die auf die Jagd geht, wenn sie die Welt anfällt. Als eine
Eidechse, die aus tausend Trockenheiten besteht, (wenn) sie
ins Wasser steigt.
27) Diess ist die traditionelle Deutung der vier Namen urodasa
u. s. w. Ob sie richtig ist, lasse ich dahingestellt.

cines (andern Holzes) von sehr wohlriechenden Bäumen dem Feuer in Güte und Wahrheit darbringen. (72) Er soll eintausend Schnittlinge zum Barsom abhauen; er soll für eintausend Opferwasser, mit Homa und Milch[28]), die geweiht sind, die besichtigt sind, die geweiht sind von einem mit magischer Kraft begabten Priester, die besichtigt sind von einem solchen die Abfälle von dem Baum, der *hadhânaêpâta* (Granatapfelbaum) heisst, den guten Wassern in Güte und Wahrheit darbringen.[29]) (73) Er soll eintausend Schlangen tödten, die sich mit dem Bauche fortschnellen (und) zweitausend andere (Schlangen); er soll eintausend Landfrösche (und) zweitausend Wasserfrösche tödten; er soll eintausend Körner fortschleppende Ameisen tödten (und) zweitausend andere. (74) Er soll dreissig Brücken über schiffbare Flüsse legen. Man soll tausend Schläge geben mit dem Pferdestachel, zweitausend mit dem Sraoschataoharana (Geissel?). (75) Diess ist die Strafe, diess ist die Sühne dafür; diese Werke kann der Strafbare dagegen thun (die üblen Folgen seiner Handlung entfernen). (76) Wenn er (sie) forttreibt, (dann) wird er des Lebens der Wahrhaftigen theilhaftig (d. h. er wird wieder in die Gemeinschaft der Zoroastrier aufgenommen); wenn er sie nicht forttreibt, so wird ihm das finsternissvolle, dunkle, finstere Leben der Gottlosen zu Theil[30]).

---

28) Etwas frische Milch, *gâus' jîvya* genannt, sowie geweihtes Wasser, wird beim Opfer mit dem Homa vermischt.

29) Der zu bestrafende Sünder darf nur das Material für die Opferceremonien liefern, nicht aber eine solche vollziehen. Dieser Gesichtspunkt ist von der grössten Wichtigkeit für das richtige Verständniss dieser Stelle. Siehe weiter die Noten zu 70 u. 71.

80) Es ist zweifelhaft, ob hier auf das Diesseits oder Jenseits angespielt ist. Da vom Tode hier nirgends die Rede ist, so ver-

Anmerkungen.

1. Der Anfang des Kapitels steht ganz abgerissen da, und bezieht sich deutlich auf einen vorhergehenden Satz, der jetzt verloren ist. Darauf deutet entschieden der Gebrauch der Partikel *zi* 'denn' hin! Der vorausgehende Satz scheint also gelautet zu haben: 'Glaube nicht allen denen, die die äussern Abzeichen des Priesterstandes, oder der priesterlichen Functionen tragen'. — *ashāum*, Vocat. von *ashavan*. Ich habe dieses Wort bald mit 'fromm', bald mit 'wahrhaftig' übersetzt und muss mich kurz desswegen rechtfertigen. Gewöhnlich wird es in Europa mit 'rein' wiedergegeben. Diese Uebersetzung gründet sich hauptsächlich auf Neriosengh's Version *puṇyātmā* पुएयात्मा ist aber schwerlich richtig, wie eine nähere Untersuchung des betreffenden Pehlewiwortes, mit dem *ashava* wiedergegeben wird, und das *ahlob* oder *ahrob* gelesen wird, mir gezeigt hat. Diese Aussprache ist unrichtig; es muss *ashrubu* gelesen werden, wie ich in dem *Pahlavi-Pâzand glossary* pagg. 52. 53. weiter gezeigt habe. Dieses ist auf eine semitische Wurzel *ashar* zurückzuführen, die sich häufig genug in den assyrischen Inschriften findet, und 'leiten' bedeutet und sich als identisch mit dem hebräischen יֹשֶׁר [1]), wovon יָשַׁר 'gerade, redlich, rechtschaffen', herausstellt.

---

muthe ich, dass das diesseitige Leben gemeint ist. Dadurch, dass der Sünder den oben genannten harten Bussen sich unterzieht, wird er wieder in die Gemeinschaft der Zoroastrier aufgenommen, von der er durch Begehung verbotener Handlungen sich selbst ausgeschlossen und gemeinsame Sache mit den Gottlosen und Ungläubigen gemacht hatte.

1) Die Verba יפ des Hebräischen erscheinen meist als אפ im Assyrischen; so wird יֵלֵד zu אֵלָד; ebenso יָרֵחַ 'Mond' zu arach; das י am Anfang der Wörter ist häufig durch א verdrängt.

ירא, ist bekanntlich eine Bezeichnung der 'frommen' Israe-
liten, und so wird *askava* ebenfalls als Bezeichnung der
gläubigen Pârsis gebraucht (s. meine Schrift über den gegenwärtigen Stand der Zendphilologie S. 40). Das Pehlewi
ashrubu kann auf keinen Fall als identisch mit *ashava* gefasst werden, wie mehrmal geschehen ist. Die europäischen
Erklärer haben nämlich ganz übersehen, dass die Uebersetzer das Wort in zwei Theile zerlegen, in *asha* + *va*;
dem erstern entspricht die Lautgruppe, die nur *ashar* gelesen werden kann, dem letztern *bu*, was bloss eine Wieder-
gabe der Zendendung ist (vgl. eine ähnliche Zerlegung
des Zendwortes *fravashi* in Pehlewi *fravashar*, Pahlavî-
Pâzand Glossary pag. 52, Note 1.) Was nun das zendische
ashavan = *artavan* selbst betrifft, so ist es genau das
wedische *ritávan* [2]) सुतावन् (für *artavan*) d. i. wahrhaftig,
fromm, gläubig' (vgl. Rigw. 1, 122, 9. 4, 52, 2. 5, 30. 1.
7, 61, 2. 76, 4. u. s. w.). Diese Bedeutung stimmt ganz mit
der des Pehlewi *ashrubu*, das nicht mit 'rein' übersetzt werden
kann. Auch das Sanskrit *puṇya* [3]) heisst nicht ohne weiteres
'rein', sondern die Bedeutung 'religiöses Verdienst' überwiegt
durchaus; *puṇyátmá* ist nicht 'rein', sondern 'einer, dessen
Seele religiöses Verdienst hat', d. i. sehr rechtschaffen,
tugendhaft. — *ainim* 'den andern'. Diess deutet offenbar
darauf hin, dass es mehr als einen *paiti-dâna* gab, und
dass hier der von den Priestern getragene gemeint ist.
Ebenso muss es wenigstens zwei Arten von *khrafstraghna*

---

2) *ash* im Zend steht häufig für *art*, vgl. *mashya* für *martya*
'Mensch'.

8) Der Artikel hierüber im St. Petersburger Sanskrit-Lexikon
ist unzuverlässig und zeigt deutlich, dass die Verfasser nie mit
Hindus verkehrt haben; sonst würden sie bessern Bescheid über
dieses so gewöhnliche Wort wissen. S. das Pahlavî-Pâzand Glossary
pagg. 53—55.

und von dem *baresman* gegeben haben (s. §§ 2. 3). So fassen es die parsischen Desturs und ich denke mit Recht. — *anaiwyástó daénām* 'ohne mit dem Glauben bekleidet zu sein'. Die Desturs erklären es, 'der die Religion nicht studirt hat' Die Pehlewiübersetzung hat die Note 'der den Jasna nicht gemacht hat' (d. h. der noch nicht nach vollendetem Studium den ersten Jasna gelesen hat, was eine besondere Feierlichkeit, wie die erste Messe bei den katholischen Priestern, ist, wodurch man erst zur Ausübung priesterlicher Functionen fähig wird). Einige sagen, der die Religion in seinem Geiste nicht bewahrt, (d. h. der das, was er gelernt, wieder vergessen hat, wenn er lange die Functionen eines Priesters nicht mehr ausübt, was sehr häufig vorkommt). Etymologisch kann *aiwyástó* nur von *yás* Kleider anziehen + *aiwi* kommen; *daénām* ist ein Accusativ der Ergänzung, wie er häufig im Griechischen beim Passiv sich findet. Der Ausdruck ist figürlich zu fassen; an ein 'Umgürtetsein mit dem heiligen Gürtel, dem Kosti', wie es schon gefasst worden ist, ist hier nicht zu denken. Das Umgürtetsein mit dem Kosti ist ja gar keine besondere Auszeichnung der Priester; jeder Pârsi muss ihn tragen; desswegen hätte es hier, wo ausschliesslich von Priestern die Rede ist, gar keinen Sinn. Die Pehlewiversion hat noch die Zendworte *baé-crezu-frathaṇhem* [4]) 'zwei Finger breit', die nicht in den Zusammenhang des Satzes passen, und in den sogenannten *Vendidád-sádes*, d. i. die nur den blossen Zendtext ohne Pehlewiversion enthaltenden Exemplaren, fehlen. Sie sind aus irgend einem andern Werke genommen, das Bestimmungen über die Beschaffenheit und Länge des *paitidána* d. i. des Penom (s. die Note auf S. 4) ent-

---

[4]) In einer lithographirten Ausgabe des *Vendidád-Sáde*, Bombay, Jezdegird 1232, stehen ebenfalls diese Worte.

hielt. Sie heissen 'zwei Fingerbreit' d. h. der Penom soll zwei Fingerbreit über den Mund hinabreichen.

2. Die Pehlewiversion citirt gelegentlich dieses Paragraphen zwei Zendstellen aus einem verloren gegangenen Theile des Awesta: *baê-erezu ái ashâum Zarathus'tra*, und *vohu-mananha janaiti apemchiḍ aṇrô mainyus'*. Die erstere bezieht sie auf den Penom. Diese Beziehung passt aber gar nicht in den Zusammenhang der Stelle, in der von dem *Khrafstraghna*, dem Instrument zur Tödtung der *Khrafstras*, d. i. schädlicher Geschöpfe, wie Mäuse, Frösche u. s. w. die Rede ist. Sie muss auf die Länge des *Khrafstraghna* gehen. Da ein derartiges Instrument jetzt nicht mehr von den Priestern gebraucht wird, so können wir auch nicht genau bestimmen, was darunter gemeint ist, ob der Stiel des Werkzeugs zwei Finger breit sein soll, oder die vermuthlich eiserne Spitze desselben. Die Stelle *vohu-mananhâ — mainyus'* bezieht sich offenbar entweder auf den den *Khrafstraghna* handhabenden Priester, oder auf eine figürliche Deutung des Wortes, dass unter diesem Instrument etwa der Amschachpand *Vohu-manô*, gemeint sein könne. Die Desturs deuten die Worte also: Ahriman wird durch Bahman geschlagen und verschwindet. *apemchiḍ* wird als 'weg, fort' gefasst. Obschon diese Deutung des Satzes einen guten Sinn giebt, so lassen sich grammatische Bedenken dagegen erheben. Der Text scheint nicht ganz in Ordnung zu sein.

3. Die Pehlewiversion erwähnt, dass dieses Barsom *kotin* heisse. Näheres darüber giebt sie nicht.

4. Die P. V. deutet das *ān. ley. kâshayêiti* durch *garstî*, Pers. كرزیدن 'helfen', was indess keinen Sinn giebt. Die Glosse, dass es *vajârtî*, Pers. كذارلدن 'durchfahren lassen, d. i. durchstechen' bedeute, ist mehr befriedigend. So fassen es auch die modernen Desturs. Seinem Ursprunge nach ist es offenbar ein Denominativ von einem Wort *kasha*,

vielleicht identisch mit *kasha* 'Ufer', aber nicht mehr sicher
zu ermitteln. Mit 'tragen', wie geschehen ist, lässt sich
das Wort gewiss nicht übersetzen. Es muss etwas wie
'handhaben, schwingen' u. s. w. bedeuten. Ueber *mairim*
habe ich schon oben geredet, wo ich auch die gewöhnliche Auffassung kurz widerlegt habe. Mir scheint es auf
das Tödten von Opferthieren sich zu beziehen, was ausschliesslich den Priestern zukam, denn es muss irgend etwas
auf die Priester sich Beziehendes bedeuten. Dass *as'trâm*
mairim nicht 'Schlangenstachel' heissen kann, habe ich schon
oben gezeigt. Das *ainim* 'ein anders' fehlt hier ganz, was
anzeigt, dass hier etwas nur den Priestern Zustehendes gemeint sein kann. Wenn Priester ausser dem *khrafstraghna*
noch ein Mordwerkzeug bei sich trugen, so kann es nur
das Opfermesser sein; denn die anderen Waffen gehören
den Kriegern zu.

5. *ayaseimnô asrâvayô.* Pehl.: *asakhtâr u asrûtâr âigh
apistâk pavan izeshnu serayeshnu mahmân* [b]) *lâ yemanonûnêd*
der nicht wirkt und nicht hört, d. i. den Awesta, was davon
zur Recitation des Jzeschne gehören mag, nicht heraagt. —
amarô Pehl.: *ashmurtâr* 'einer der zählt'. Diess beziehen
die Desturs auf das Zählen der heiligen Gebete, zu welchem
Zweck sie Rosenkränze gebrauchen. Ob *amarô* diess hier
bedeutet, könnte vielleicht bezweifelt werden; *his'marcmnô*

---

b) Dieses lchte Pehlewiwort wird in den sogenannten Pârend-
texten nicht durch ein parsisches Wort wiedergegeben, sondern einfach beibehalten, da seine eigentliche Bedeutung den Uebersetzern
nicht mehr klar war. Es findet sich meist in verallgemeinernden
Sätzen gegen das Ende und kann nur 'was auch immer, wer auch
immer' bedeuten. Es ist seinem Ursprung nach eine Verdoppelung
des semitischen Fragepronomens **mah-man** (vgl. Hebr. הָמ, Chald. ןַמ),
Assyr. **men-ma** und hat die Bedeutung des lateinischen quisquis, quid-
quid; vgl. auch Bundehesch 28, 9. 64, 9. 11 u. s. w.

scheint diess auszudrücken. — *everesyô* Pehl.: *avarrttôr* 'einer, der nicht arbeitet'. Diess beziehen die Priester mit Recht auf das Vollziehen von Ceremonien, da diess eigentlich die einzige den Priestern zustehende Arbeit ist. — *asikhsô* Pehl.: *asakhûn*. Diess deuten die Desturs durch 'der nicht spricht das heilige Wort'. Es scheint indess ganz mit dem sanskritischen शिक्ष 'lernen' identisch zu sein, und 'nicht lernend' zu heissen. — *asâchayô*. Hiefür liest ein Manuscript Destur Hoschengdschi's *asaochyô*; in Uebereinstimmung damit liest er die entsprechenden Zeichen der Pehlewiversion *asosina-kâmak* 'der nicht das Feuer anzuzlinden liebt'; mein von Surat stammender Pehlewi Persischer Wendidad liest sie *au jehân kâmah*; seine Erklärung ist unverständlich. Der *Vendidâd-sâde*, Bombay Jezdegird 1232, liest *aschyô*. Die Lesung *asâchayô* oder *asâchyô* scheint indess den Vorzug zu verdienen. Es ist augenscheinlich noch in dem neupersischen ساختن 'machen, ausführen' erhalten. Das Wort scheint 'lehren' zu bedeuten, wie angenommen worden ist, da es hier und in mehreren anderen Stellen einen guten Sinn giebt, obschon die etymologische Begründung dieser Bedeutung einige Schwierigkeit hat. Es ist jedenfalls ein auf gottesdienstliche Handlungen sich beziehender Ausdruck, wie Jas. 55, 6, wo im Ganzen dieselben Ausdrücke (und sogar noch einige weitere) vorkommen, als an unserer Stelle (vgl. auch Jas. 19, 10. 11.). Die Pehl. Version von Jas. 55, 6. giebt die Ausdrücke *sakhshemna sâchayamna* durch *âmokhtum u âmozam*, was nur mit 'ich lerne und lehre' (oder umgekehrt, da *âmukhtan* beides bedeutet) übersetzt werden kann. Aber diess scheint mir bloss gerathen. Die Pehl. Version[6]) unserer Wendidadstelle weiss nichts von

6) Diese ist überhaupt viel besser, als die des Jasna, welche für exegetische Zwecke nur einen höchst geringen Werth hat, und viel später zu sein scheint, als die erstere.

dieser Deutung, obschon beide Stellen so ziemlich desselben Inhalts sind. Ich zweifle, ob sich die beiden Ausdrücke *aṣikhṣ́ô* (oder *aṣakhṣ́ô)* und *aṣdcḥayṣ́* auf lernen und lehren im Allgemeinen beziehen. Wahrscheinlich beziehen sie sich nur auf die richtige Aussprache der einzelnen Laute der heiligen Texte, was für die Priester das wichtigste war; man vgl. die Bedeutung des Wortes शिक्षा *s´ikshá* 'Phonetik' in der wedischen Literatur (s. M. Müller, A History of ancient Sanscrit Literature pag. 113. 14.). — Die Pehlewiversion der Worte *jaydi chinvaḍ* scheint verdorben. Die denselben entsprechenden Pehlewiworte liest Destur Hoschengdschi *asoṣina-kâmak* und nimmt sie als Uebersetzung von *sâchayṣ́* (s. oben). Diess ist schwerlich richtig. Ist in der Pehlewiversion nichts ausgelassen, so ist *kâmak* die Uebersetzung von *chinvaḍ,* die ich indess nicht recht verstehen kann. Destur Hoschengdschi, in dessen MSS. *pavan ada mahitûn-it nadukyâ chinvaṭ* steht, deutet demgemäss die Worte *jaydi chinvaḍ us´tânem* durch 'er tödtet seine Seele', d. i. die guten Werke, die an der Brücke Tschinwat erforderlich sind. Ich glaube nicht, dass die Erklärung von *juydi* durch 'er tödtet' richtig ist, da dieses Wort nur auf eine Wurzel *ji,* 'gewinnen, siegen', nicht aber auf *jan* 'tödten' zurückzuführen ist. Der Form nach ist es eine Infinitivform 'um zu gewinnen' *chinvaḍ-us´tânem* muss als ein Compositum gefasst werden und bedeutet 'eine Seele', d. h. eine solche Beschaffenheit der Seele, die sie befähigt, die Brücke zu überschreiten. Durch fleissiges Hersagen des Jasna und Vollziehung der religiösen Ceremonien erwirbt sich nämlich der Priester einen Schatz von guten Werken und setzt seine Seele in den Stand ohne alle Hindernisse in das Paradies einzugehen.

6. *khratûm ashavanem* 'den frommen Verstand'. Die Pehl. Ueb. bezieht diess wohl mit Recht auf das Studium des Awesta. — *aṣô-bújem* Pehl. *i men tagyá boktâryá* 'Befrei-

ung von der Enge'. — *ravasdôm* Pehl. *sak khirad farâkhi
dâdâr* dieser Verstand, (der) Weite giebt, d. i. den Geist
erweitert, seine Kenntnisse vermehrt. — *chinvad-perelům
havaŋhô-dâm* Pehl. *pavan chashvatarg huvakûyâ dûtâr tag
libbammanyâ pavan chashvatarg* der an der Tschinwat Brücke
das beengte Herz sich wohlfühlend macht (es aufheitert).
Die Zeichengruppe, welche ich *huvahûyâ* lese, liest mein
Pehl. Persischer Wendidâd *huvâkhi* und erklärt es durch
دیك صاحبی 'Besitz von Güte'; Hoschengdschi liest sie *anâkhî*
und deutet sie 'das Verlangen entfernend'. Beide Lesungen
sind nicht richtig. Das Pehlewiwort ist offenbar nur eine
Umschreibung des zendischen Originals *havaŋhô*, oder wahrscheinlich richtiger *hvaŋhu* i. e. *'huvaŋhu* d. i. 'das sehr
Gute', das *summum bonum*.

7. *ererô* wird von der Pehl. Ueb. mit *avîsak* d. i. rein,
wiedergegeben. Ich bezweifle, ob diess die Grundbedeutung
ist. Es hängt jedenfalls mit Sanskrit ऋजु *riju* 'gerade,
aufrichtig' zusammen.

8. *Kâ asti ithyêyâo marshaonô* Pehl. *pavan mûn ait
sîsa i nehânu robashnu? âighash mahmânyâ pavan mûn?
asash robâ kyâ men mûn vesh?* in wem liegt die heimlich
wirkende Zerstörung? d. i. bei wem findet sie Aufnahme?
woher kommen ihre Bewegungen meistentheils? *marshaona*
ist augenscheinlich eine Erweiterung von *marshavan* (mit
Suff. *van*) oder auf *marshavana* zurückzuführen. Der Bedeutung nach ist es so viel als *margersân* d. i. einer der den
Tod verdient. An unsere Stelle bezieht es sich auf den
abgefallenen Mazdajasnier, der sonst *ashmogh* heisst.

9. *yô thrisaremaêm ratûm aiwyâoŋhanem nôiḍ aiwy-
âsti.* Pehl. *mûn 3 zarmâi ratyâ aiwya(n)ganu aiwyâ(n)gint-
nit âigh 3 shanat shapîk u kastîk lâ jâsûnit; ait mûn
aêtûn yemananûnêt 3 mûn yen sak 3 zarmâi ratyâ aiwya(n)
ganu lâ aiwya(n)gintnit sak shanat satum arshastu paro-*

*bach aparobachu ash ana pavan dâtu âigh shapik kostik lâ
awâit dâshtanu* 'wer während einer Periode von drei *sarmâi*
den Kosti nicht anlegt, das heisst, wer drei Jahre lang die
Sadra (das heil. Hemd) und den Kosti nicht trägt. Einige
erklären es, wer während einer Periode von drei *sarmâi* den
Kosti nicht anlegt, der wird im dritten Jahre ein *arskast*
ein Verderber der guten Schöpfung, er betrügt vorher und
nachher (verführt dann die andern), weil es nach seiner
Gewohnheit ist, dass man keine Sadra und keinen Kosti
trage.' Hier wird *thri-sarcmaêm* als eine Periode von drei
Jahren gedeutet. Der Zusammenhang von *saremaêm* (von
saremaya) mit *sarema* in dem Namen des Gâhânbâr *maidy-
ôsarema* leuchtet von selbst ein. Dieser Gâhânbâr gilt für
den ersten der sechs, die im zoroastrischen Jahr unterschieden werden. Da dieses im März anfieng, so werden
wir für diese Jahresperiode die Monate März und April,
also den irânischen Frühling, anzusetzen haben. Bei den
jetzigen Pârsis, bei denen sich der Jahresanfang um ein
halbes Jahr verschoben hat, weil die Schaltmonate nicht
eingehalten wurden, fällt sein Anfang bei den Kadmis fast
dem Beginn unsers Octobers, bei den Schâhinschâhis [7]) mit
dem unsers November zusammen. Etymologisch hängt das
Wort wohl mit *sairi* 'Gold' zusammen, und bezeichnet die
Zeit der goldenen Blüthen, also den 'Frühling'. Dieser steht
hier für 'Jahr' im allgemeinen, ähnlich wie wir *sima*
'Winter' in der Bedeutung 'Jahr' im zweiten Fargard des
Wendidâd finden. Es ist indess leicht möglich, dass das
Wort den Frühling und Sommer zusammen bedeutete.

---

7) Die Kadmis und Schâhinschâhis sind zwei Secten unter den
indischen Pârsis, die sich vorzugsweise durch Abweichungen im
Kalender unterscheiden; die Kadmis sind den andern immer um
einen Monat voraus. Sie verdanken ihren Ursprung einem vor unge-
führ 150 Jahren nach Indien gekommenen Destur aus Jrân, Namens
Dschâmâsp.

10. *ásó* eig. Enge, Pehl. *tangi (tangyá)*. Ich habe es mit 'Haft' übersetzt. Denn nur auf so etwas kann es sich beziehen. Ein *askemaogha* oder *askavagha anaskava* d. i. ein. Abtrünniger, wird, wie aus unserer Stelle deutlich ersichtlich ist, für ein der ganzen Schöpfung schädliches Geschöpf gehalten, das eingesperrt werden muss, und schliesslich den Tod verdient. (Vgl. auch Wend. 15, 37. 38.) Die Phrase *yatha yaḍ hê pâstô-frathanhem kameredhem kerenuyâḍ* wird von den Desturs auf das Abziehen der Kopfhaut, also auf eine Art Skalpiren gedeutet, wie ich glaube, mit Recht. Wörtlich heisst es: wie wenn er den Kopf machte die Breite der Haut habend d. i. 'die Haut durchschnitte und sie über den Kopf herunterzöge und der Breite nach ausdehnte'.

11. *aêvahê zi askavaghahê zavanti.* Pehl. *maman khaduk asharmoki vatak anashrubu ask zânak darânâ ait aferin naferin*, *dadigar huzvâmu darânâ, sadigar lâ adas, tasum khot doshak khot vângit* [8]) d. i. es giebt einen Fluch für einen Aeschmogh, der schlecht ist, und lasterhaft, dessen Kinn lang ist; (es giebt einen Fluch für) einen zweiten, dessen Zunge lang ist; ein dritter ist gar nichts; ein vierter ist selbstgefällig, das heisst, rühmt sich selbst! Ich zweifle sehr, ob der Sinn dieser dunkeln Stelle richtig getroffen ist. Sie sieht aus wie ein Citat aus irgend einem verloren gegangenen Zendwerke, das zuerst an den Rand einer Handschrift geschrieben sein mochte und zur Erläuterung des Textes dienen sollte. — *sânu* wird nicht als 'Knie', sondern als 'Kinn' (Skr. हनु *hanu* 'Kinnbacken') gefasst, und ich danke mit Recht. — *âfritis'* deuten die Desturs als 'Fluch',

---

8) Den Text habe ich hier nach Destur Hoschengdschi's Verbesserungen gegeben. In vielen Handschriften ist er verstümmelt, er bricht nach *sadigar* ab.

obschon es eigentlich 'Segen' bedeutet. Dass *d-frî* beides 'segnen' und 'fluchen' heissen kann, ersieht man aus Jas. 8, 8. (vgl. auch das Hebr. בֵּרֵךְ das ebenfalls beides bedeutet. — *qatô* von selbst Skr. स्तृ. — *savaṅti* von *su* = हु *hvê* 'rufen'. Vgl. Jas. 11, 1. *savaiti* was 'fluchen' heissen muss. Dieselbe oder eine ähnliche Bedeutung scheint hier angenommen werden zu müssen.

12. *para gãm azôiḍ varetãm* Pehl. *benâ gospand pavan vartakyâ sâtûnînît* (vgl. auch Wend. 5, 37, wo dieselbe Uebersetzung gegeben ist) '(als wenn) er das Vieh (Schaafe) als Beute wegführte'. So deuten die Desturs diese Stelle. Ich habe sie auch angenommen, da sie einen guten Sinn giebt und ganz vortrefflich in den Zusammenhang unserer Stelle passt. Man könnte indess *vareta* auch als 'trächtig' (vgl. *verena* 'Schwangerschaft') fassen und übersetzen '(als wenn er) eine trächtige Kuh wegtriebe'. Jt. 10, 86 enthält eine Anspielung auf unsere oder eine ihr ähnliche Stelle, ist aber im Zusammenhang schwer zu verstehen.

14. *tanumâthrahê* Pehl. *tanu fermân âigh tanu pavan fermânu yadanu dârît* 'Leibesgehorsam d. i. welcher den Leib Gott zur Verfügung stellt. Diese Deutung ist schwerlich richtig, da sie zu künstlich ist. S. über das Wort meine Schrift 'Ueber den gegenwärtigen Stand der Zendphilologie' pag. 40. — *darshi-draos'* Pehl. *shukuft sînu* oder *shikeft-sînu*, das Destur Hoschengdechi mit 'einen wundervollen Blick habend', mein Pehlewi - Persischer Wendidâd mit عجايب سلاح 'Wunder des Schwerts' übersetzt; wahrscheinlich heisst es 'mit wunderbarer Waffe'. Diese Deutung des *darshi-draos'* ist aber schwerlich richtig. Für *dru* lässt sich nirgends im Awesta die Bedeutung 'Waffe' nachweisen; in Wend. 5, 38 bedeutet es 'Holz, Wald'; auch im Weda (रु *dru*) findet sie sich nicht. So ohne Weiteres folgt aus der Bedeutung 'Holz' noch nicht die von Speer, so natürlich

sie auch an sich sein und so verführerisch die Ana-
logie des Griechischen δόρυ 'Holz' und 'Lanzenschaft' auch
klingen mag. In den vorhandenen Zendschriften ist sie nun
einmal mit Sicherheit nirgends nachweisbar, und Composita
wie unser *darshi-dru* und *khrvi-dru* begünstigen diese Deutung gar nicht. Die beste Belehrung dürfte hierin das Sanskrit bieten, wo *dru* in der Bedeutung 'rennend, laufend', wie
in der von 'Holz, Pflanze' am Ende von Composita vorkommt; zur erstern Kategorie gehören मितद्रु *mitadru* mit
gemessenen Schritten laufend, d. i. marschirend, यतद्रु
s'atadru, Name des Flusses Setledsch; zur letztern इन्द्रु
indradu, हरिद्रु *haridru*, beides Namen von nach Göttern
benannten Pflanzen. Man sieht leicht, dass *darshi-dru* im
Zend nur zur erstern Kategorie gehören kann; würde es
zur letztern gehören, so müssten wir in *darshi* irgend einen
Eigennamen oder wenigstens ein solches Adjectiv nachweisen
können, das ganz deutlich irgend eine womöglich sinnliche
Eigenschaft der Waffe ausdrückt. Diess ist aber nicht der
Fall; *darshi* ist, wenn allein stehend, gewöhnlich ein Epithet
des Windes und bedeutet 'heftig, stark'. Demnach können
wir *darshi-dru* nur als 'heftig, ungestüm anrennend, heftigen
Laufs' fassen. Diess passt auch ganz gut auf Serosch, der
gegen die Dewas ja beständig kämpft. *khrvidru*, das von
dem Dewa Aêschma gebraucht wird, hat ungefähr dieselbe
Bedeutung, etwa 'wild, ungestümm anrennend'. Serosch hat
allerdings eine Waffe in seiner Hand, die *snaithis'* heisst.
Wäre diese gemeint, so würde das Epithet sicher anders
lauten. Zu diesem Epithet findet sich wahrscheinlich zur
Bestätigung der Ansicht der Ausleger, dass es 'mit wunderbarer Waffe' heisst in der Pehlewi-Uebersetzung eine Awesta-
Stelle angeführt, die also lautet: *barôithrô taêshim qta
frashusaiti sraoshô*. Diess wird von Destur Hoschengdschi

so übersetzt: der Herrscher tritt hervor mit der scharfen Streitaxt.

15. *upa usháoṇhem yãm súrãm*. Diess scheint die Zeit nach Mitternacht vor Anbruch der eigentlichen Morgenröthe zu sein. Die Pehl. Ueb. deutet es als *nim lelia* 'Mitternacht'. In dem Zand-Pahlavî Glossary (pag. 42) ist *ushãm súrãm* als der dritte Theil der Nacht erklärt. Ich habe den Ausdruck mit 'beim Anbruch der Morgenröthe' übersetzt, was indess nicht ganz zutreffend erscheint. Besser wäre 'beim ersten Tagesgrauen'.

16. *Búshyãsta dareghô-gava* Pehl. nach Destur Hoschengdschi's MSS. *búshãspu dircngt gui*, nach meinem Zend-Pehlewi Wendidad *búshãspui sarãbui gui*, nach meinem Pehlewi-Pers. Wend. *búshãsp darúgh-gui* 'Lügen redend'. Die Pehlewi-Ueberaetzer haben *gava* augenscheinlich mit *guftan*, Altpers. *gubatana* 'sprechen' zusammengebracht. Destur Hoschengdschi deutet es 'mit langer Zunge'. Obschon diese Bezeichnung für einen Dämon passend sein könnte, so ist sie doch entschieden zu verwerfen, da *gava* sich an mehreren Stellen in der unzweifelhaften Bedeutung von 'Hand' findet (so Jt. 1, 28. 10, 48. 14, 63. 19, 50). Die Grundform scheint *gava*, was als Dual gebraucht wird; *gavô* ist nur eine falsche Form für *gava*. Am passendsten vergleicht man das wedische गभस्ति *gabhasti* 'Hand'; es läge demnach ein Wort wie *gabha*, *gabhas* zu Grunde; *hasta* scheint uns eine Abkürzung davon zu sein. — Der hier erwähnte Dämon, *búshyãsta*, der nicht den Schlaf überhaupt, sondern nur den unzeitigen Schlaf, namentlich den Morgenschlaf bedeutet, ist offenbar weiblichen Geschlechts, während der entsprechende Pehlewi-Ausdruck *búshãsp* offenbar männlich ist, was ein neuer Beweis ist, dass die alten Perser für manche Objecte ihrer Theologie von dem Awesta abweichende Ausdrücke besassen (s. einige Bemerkungen über diesen

Gegenstand im Zand-Pahlavi Glossary pag. 72). Die persischen Lexica führen das Wort als eine, wie es scheint, poetische Bezeichnung des Schlafes auf. — *qafsa dareghô* Pehl. *qafsit darêngt (yá)* 'schläft eine Länge'. In der Auffassung des *qafsa* als Imperativ stimme ich der Pehlewi-Uebersetzung bei; es ist indess Singular, nicht Plural. Als Substantiv lässt es sich nicht fassen. Der Redende ist der Dewa Bûschjdêta, d. i. der Morgenschlaf, der, wenn er die Menschen wieder einschläfert, nicht sagen kann: 'langer Schlaf geziemt Dir nicht, o Mensch'! So könnte etwa der Hahn reden. Der Sinn erfordert: 'schlaf lange'! *dareghô* scheint hier *für dareghem* zu stehen. — *nôiḍ tê sachaitê* Pehl.: *meman lâ rakum sazed âigh tân kâr dînâ benâ lâ katrûntt* 'denn nicht geziemt es euch, dass ihr ohne (Erfüllung) eurer religiösen Pflichten (Gebet u. s. w.) bleibt.

17. Dieser Vers ist offenbar eine Fortsetzung der Rede der Dämonin Bûschjdêta. Man kann *mâ — aiwithyô buyata* nicht in dem Sinne von 'wendet euch nicht ab' fassen, wie geschehen ist, da *aiwithyô* nicht 'weg, ab' heissen kann. Die Pehlewiversion, welche die Worte ebenfalls als Rede der Dämonin fasst, hat: *as tânu al 3 pahashumyá (pahalumyá?) maam nafshman yehavûntt* 'nicht soll auf euch sein (euch obliegen) die drei besten Dinge'. Sie fasst demnoch *aiwithyô* als 'auf euch', 'euch obliegend' *(maam nafshman)*. Es ist wohl eine Adjectivbildung von *aiwi* = Sanskr. अभि Griech. *ἀμφί*, mittelst eines Suffixes *tya* und kann seinem Ursprunge nach nur den von der Pehlewiübersetzung angegebenen Sinn haben.

18. *nmânahê nmânô-paitîm* Pehl. *mânpatânâu mânpat* d. i. der oberste Hausherr. Dieser Ausdruck klingt sonderbar und ist auch nur eine ungeschickte wörtliche Uebersetzung des betreffenden Textes. Das erste Glied des Compositums, *nmâno* ist hier zweimal ausgedrückt, eigentlich

32

'des Hauses Hausherr', und zwar das erstemal im Genetiv vorangestellt, eine Tautologie, wie sie öfter vorkommt; vgl. Visp. 3, 2. neben *nmánahé nmánó-paitim* noch *saitéis' saitupaitim* d. i. des Stammes Stammesherr, und *dan'héus' dan'hupaitim* d. i. des Landes Landesherr. Der Pehlewi-Uebersetzer nnserer Stelle hat fälschlich *paiti* zweimal übersetzt, als ob im Text geestanden wäre *nmánó-paitinám nmánópaitim*. Der Uebersetzer von Wisp. 3, 2 hat richtig *mán-mánpatu*. Um eine bekannte Persönlichkeit herauszubringen, lesen einige Desturs an unserer Stelle *magupatán magupat = mobedán-mobed* und deuten es auf den 'obersten Mobed', den Meister in allen religiösen Ceremonien. Doch diese Deutung ist entschieden irrig, da man die Zeichen gar nicht *magupat* lesen kann, sondern *mánpat* lesen muss. Das Wort *magupat* wird in den Pehlewibüchern anders geschrieben; zudem würde der 'oberste Mobed' nicht gut in den Zusammenhang von Titeln, wie 'Herr des Geschlechts', 'Stammesherr', 'Landesherr' passen, in dem *nmánahé nmánópaitim* gewöhnlich vorkommt. Es ist desswegen ganz verkehrt aus diesen oder ähnlichen Stellen die Ansicht herzuleiten, dass die Mobeds mit dem *nmánó-paiti* d. i. dem Hausherrn identisch seien, eine Ansicht, die von allen Parsipriestern entschieden verworfen wird.

19. *aví mé ázis' daévó-dátó paróid pairithnem ashvám ava-darenuin sadayéiti* Pehl.: *meman bená re (li) asu shedán-dát amyá pésh tojashni akhvu bená jaskúnt madammúnast* denn 'der von den Dewas geschaffene Dämon Az ist um mich und vor mir, mich zu quälen; er sinnt darauf, mich aus dem Leben zu schaffen'. Obschon die Pehlewi-Uebersetzung den Sinn der Stelle im Allgemeinen richtig getroffen hat, so ist sie grammatisch doch gar nicht zu rechtfertigen. *paróid* ist kein Adverbium in dem Sinne von *pésh*, wie es hier genommen ist, sondern die 3te Person Imperfect. Sing. der Wurzel i *para* 'herzukommen', und steht

für *para-it*, oder *paróiḍ (ói = é)*. Wird es nicht so gefasst, so kann man gar nicht gut construiren und keinen erträglichen Sinn herausbringen; ebenso ist es Jt. 8, 54 zu fassen. *pairithnem* kann nicht auf die Wurzel *pereth* 'zerstören' zurückgeführt werden, da nicht abzusehen wäre, wie aus dem ersten *e ai*, und aus dem zweiten hätte *i* werden sollen. Wäre dless der Fall, so dürften wir eine Form *perethnem* oder *parethnem*, aber nicht *pairithnem* erwarten. Ich kann es nur als eine Abstractbildung der Präposition *pairi* 'herum' fassen; vielleicht steht es auch für *pairi-ithnem* (von *i* 'gehen'). In beiden Fällen bedeutet es 'ringsum'. Der Accusativ *anhuim* 'Leben, Lebenskraft' hängt davon ab; *aca-darenān* ist Accusativ Plur. von *ava-darena*, das sich nur in der hier vorkommenden Fügung findet und hängt syntaktisch von dem Verbum *sadaylti* ab. Wir können es entweder von der Wurzel *dar* = 𑁋 *dṛi* 'zerreissen' oder von *dar* = 𑁋 *dhṛi* 'halten, festhalten' ableiten. Die erstere Ableitung scheint mir unpassend, da der *ázi* als Schlange gedacht wird, die zwar einen Gegenstand umzingeln, aber nicht zerreissen kann; vgl. den ganz analogen Angriff auf das Feuer seitens des *azhi daháka* in Jt. 19, 49, 50. Das Verbum *ava-dare* in der Bedeutung 'festhalten' findet sich Wisp. 15, 1 West.: *aca padhó aca rastē aca ushi dārayadhwem mazdayasna zarathus'trayó dáityanām rathwoyanām s'kyaothnanām varerái; pairi adhaityanām arathwoyanām dus'cars'tanām s'kyaothnanām varerái* 'lasst ihr mazdajasnischen Auhäuger Zoroasters die Flüsse, die Hände (und) die Augen festhalten au den gesetzlichen schicklichen guten Werken, dass ihr sie thut; haltet euch aber fern (enthaltet euch) von den ungesetzlichen unschicklichen schlechten Werken, dass ihr sie thut (d. h. ihr sollt sie nicht thun).[9]) *ava-darena* ist dem-

---

9) So ist diese Stelle grammatisch zu fassen. Man darf die Genitive nicht mit dem Dativ *varerái* wörtlich 'am zu thun', der

nach 'das Festhalten, Anklammern' und drückt in Verbindung mit *pairithnem* 'ringsum' den Begriff des Umschlingens, Zusammenpressens aus, gerade wie es z. B. die Boas mit ihrer Beute machen. Das Bild einer solchen Schlangenart liegt hier offenbar zu Grunde. *sadayêiti* fasst die Pehl. Ueb. als 'er verlangt, wünscht'; wörtlich scheint es zu heissen 'er lässt eintreffen' 'er macht, dass etwas Statt hat'; vgl. शद् 'sad fallen, Lat. *cado*. *ava-darenäм sadâyêiti* heisst einfach 'er lässt die Festklammerungen eintreten' d. h. er strengt seine Muskeln an, um das Feuer durch Festklammerung zu erdrücken.

22. *áaḍ mäm kämchiḍ aηhēus' astvató aёsmanäм paitiburaiti* Pehl. *adinu li katarsdi akhvu i asthumand aёsam yen dadarúnit* d. i. jetzt bringt mir Holz irgend jemand in der mit Körper begabten Welt. — *kämchiḍ* passt nicht recht in den Zusammenhang. Syntaktisch könnte es nur mit *aёsmandm* verbunden werden. Dann müsste man übersetzen: 'er bringt mir in der mit Körper begabten Welt etwas an Holz', was aber keinen erträglichen Sinn giebt. Ich nehme es als missbräuchlich für *kaschiḍ* 'irgend einer' gesetzt, und fasse das Ganze als Frage. Der beste Sinn käme heraus, wenn man *kämchiḍ* negativ im Sinn von 'Niemand, keiner' fassen könnte; doch diese Bedeutung lässt sich nur vermuthen, nicht beweisen; vgl. das Französische *aucun*.

26. *daḍ aoshêtê hakha hasha ana barezis' sayamnanäм uschis'ta tu vyärayêitê mäm* Pehl. *adinu yemananúnit dostu var avan dostu zaki pavan bareshnu shakabhúnashn äigh lälä rak (lak) ust meman viyárt li* 'dann spricht ein Freund zum Freunde der im Bette liegen soll: steh du auf, denn mir geht es gut' (nach der Auffassung von Destur Hoschergdschi).

hasha und *hakha* sind hier als identisch genommen, was aber nicht angeht. Dass *kh* ohne weiteres zu *sh* wird, davon ist mir kein Beispiel bekannt; auch kann *hasha* in keinem Fall als Dativ genommen werden. Ist der Text richtig, so können beide nur als Duale gefasst werden; *hasha* ist dann nur eine nähere Bestimmung des *hakha*, und bedeutet wohl 'zusammenwohnend' für (*sa-khsha*); *aoshêtê* ist ebenfalls als Dual der 8ten Pers. Präs. Med. zu fassen[10]), und lässt sich nicht wohl als eine 3te Pers. Sg. Med. erklären, wofür wir *aoshaitê* zu erwarten hätten; eine Bombayer lithographirte Ausgabe (v. Jezdegird 1232) hat zwar *aoshaitê*, aber mein Zend-Pehlewi Wendidâd liest mit der überwiegenden Mehrzahl der Handschriften *aoshêtê*, welche als die richtige an unserer Stelle anzusehen ist. Die Nebeneinanderstellung von *hakha hasha* findet sich in Jas. 62, 12.[11]) in der Form *hakha hashê*, wo *hashê* Dativ sein könnte, weil die Fügung ganz an *fryô fryái* (ein Freund dem Freunde) erinnert.

10) Ueber solche Formen s. meine Outlines of a Grammar of the Zend language pag. 52.

11) Diese Stelle ist sehr dunkel. Es ist mir nicht gelungen, ein befriedigendes Verständnis derselben zu gewinnen. Es ist mir auch nicht klar geworden, in welchem Sinne *hashê* hier zu nehmen ist. Das Subject des ganzen Satzes ist sicher *âtars'*, das Object kann nur *raêta* sein; *chim* kann kaum anders wie als Adverbium im Sinne von *yatha* 'wie' gefasst werden, da *hakha hashê* offenbar das Simile ist. Darnach würde sich folgende Fassung ergeben: 'Allen Marschirenden bietet das Feuer, wenn es der streitfertigen (Armee) voranschreitet, seine Hände dar, indem es auf sie hinblickt, gerade so wie zwei Freunde und Genossen sich die Hände reichen'. Diess besieht sich offenbar darauf, dass das Feuer der Armee vorangetragen wurde, wenn sie in den Krieg zog, wie wir aus den Berichten der Classiker wissen. Dass etwas auf den Krieg sich Beziehendes gemeint sei, zeigt der gleichfolgende Satz, wo das Feuer wie ein *rathaêstâo* d. i. Krieger genannt ist.

3*

Obschon ich zugebe, dass durch die Fassung 'ein Freund spricht zum Freunde' ein recht guter Sinn herauskäme, so kann ich mich doch nicht entschliessen, dieselbe als richtig anzunehmen, weil sie sich in unserer Stelle nicht grammatisch begründen lässt, und die Handschriften zu den für diesen Zweck nöthigen Aenderungen uns nicht berechtigen. — *vyârayêiti*. Dieses *âπ. λsy.* lässt sich nur von *ar + vi* ableiten, und kann schwerlich etwas anderes als 'weggehen, herausgehen machen, forttreiben, wegtreiben' heissen. Das Subject ist entweder der Hahn, oder es ist unpersönlich zu fassen. *hagh-dhaŋhum*. In Jas. 62,9 findet sich *hakhdlhaŋhem*, wo die Lesung der Handschriften indess abweicht; s. Westergaards Note (Zend-avesta pag. 113, Note 2 zu 8). Die Pehlewi-Uebersetzung deutet es durch *ser* 'gesättigt', eine Bedeutung, die mir nur gerathen zu sein scheint. Da dem Worte der Segen des Feuers unmittelbar folgt, und es kein Object ist, sondern nur als Adverbium gefasst werden kann, so scheint 'folgendermassen' den besten Sinn zu geben. Die Grundform wäre *hakh-daŋh* eigentl. Folgen-machen *(hakh = hoch*, Skr. *sach)*. Auch ist ein Zusammenhang zwischen *haghdaŋhum* und dem in dem Segen mehrmal vorkommenden *upa thwâ hakhshôiḍ* 'möge dir folgen, d. i. möge dir sein, werden' sehr wahrscheinlich. In diesem Falle würde es zu fassen sein „indem das Feuer bei seinem Segen den Ausdruck *hakhshôiḍ* (von *hakh)* 'es möge folgen' gebraucht."

27. *urvâkhs'-aŋuha gaya jighaês'a túo khshapanô yáo jvâhi* Pehl.: *urvakht-akhou pavan adá sivai vad lelia amat sivai pavan rámeshn sivai* d. i. lebe die der Seele bestimmte Lebenszeit; so viele Nächte als du leben magst, lebe vergnügt. *urvâkhs'-aŋuha* ist ein Compositum, das im Pehlewi durch dieselben Worte ausgedrückt wird *urvâkht-akhu*. Nach der Ansicht der Destars soll *urvâkht* 'Vergnügen' bedeuten; doch lässt sich diese Bedeutung mit nichts beweisen; sie ist wohl nur aus dem Schlusszusatz der Uebersetzung erschlossen.

Schon Neriosengh kennt diese Erklärung, wie aus seiner Uebersetzung von *urvákhs'-ukhtí* Jas. 32,12 durch *pramodam ca-
danti* hervorgeht. Ebenso wird das Verbum *urváshaḍ* Jas. 44,8
durch *ánanda* 'Freude' erklärt. Das stärkste Argument gegen
diese Erklärung ist, dass sie nirgends einen befriedigenden
Sinn giebt. Wollte man an ihr festhalten, so müsste man z. B.
in Jas. 32,12 *aḍibyó mazdáo aká mraoḍ yôi geus mórendcn
urvákhs'-ukhtí jyôtûm* übersetzen: Mazda verkündete Uebles
denen, die das Leben der Erdseele (des Urstiers) durch die
Verkündigung der Freude tödteten! Uebersetzt man dagegen
'durch Sprechen von Sprüchen' (nämlich Zaubersprüchen), so
erhält man einen ganz verständlichen Sinn. Auch *urvâshaḍ*
in Jas. 34,13. 44,8 kann kaum anders als durch 'aussprechen,
verkündigen' erklärt werden. Was für ein Sinn käme heraus,
wenn man, wie wirklich geschehen ist, die Worte *yâ hûkhretâ
ashâḍchîd urvâkhshaḍ* (Jas. 34,13) also übersetzen würde:
'wodurch der aus Reinheit wohlthuende sich wohlbefindet'?
yâ bezieht sich deutlich auf das vorhergehende *daênâo
saos'kyantâm* 'die Lehren der Feuerpriester'. Uebersetzt man:
'die Lehren der Feuerpriester, die wohlgebildeten aus Wahrheit (daraus bestehend), welche er [12]) aussprach', so erhält
man einen vollkommen befriedigenden Sinn. Etymologisch
kann man es nur von *vákhs'* + *ur* ableiten; mit *urvása* hat
es gar nichts zu thun, obschon es von Unkundigen damit in
Verbindung gebracht worden ist. Siehe weiter darüber mein
Werk über die Gâthas (I pag. 175). Das *urvákhs'-anuhu gaya*
an unserer Stelle habe ich mit Zugrundlegung dieser Erklärung mit 'eine diesem Ausspruch gemässe Existenz' übersetzt. *urvákhs'* 'Ausspruch' mit Zugrundlegung dieser Erklärung

ist deutlich der im Vorhergehenden erwähnte Segen des
Feuers, dass dem der ihm reines Holz bringt, Vieh, Nachkommenschaft u. s. w. zu Theil werden möge. Aller dieser
Vortheile soll sich der Gesegnete erfreuen, so lange er lebt.
anuha, der zweite Theil des Compositums, hat deutlich den
Sinn vom sanskritischen *âtmâ, âtmaka* am Ende von Composita, hedeutet also 'diess zum Wesen hebend', *ur-vâkhs'-
anuha gaya* ist demnach eine Existenz, die das vom Feuer
versprochene Glück enthält. *jighaês'a* kann nur auf die Wurzel
ji 'gewinnen' zurückgeführt werden, wovon es 2te Sing. Optat.
Medii ist (vgl. Sanskrit जिगाय जिग्यु von जि); ihre
ursprüngliche Form scheint *gi* gelautet zu haben. Im Zend
ist die sanskritische Bedeutung 'ersiegen, gewinnen', nicht
mehr nachweisbar; sie scheint in die von 'besitzen, haben,
existiren, leben' übergegangen zu sein; der deutlichste Beweis ist das Substantiv *gaya,* das im Sinn von Körper,
Existenz u. s. w. vorkommt. *gaya jighaês'a* ist wörtlich:
du mögest existiren mit einer Existenz d. i. du mögest
dich deines Lebens erfreuen. — *imaḍ âthrô âfrivanem
yô ahmâi aêsmem baraitê hikûs' raochas'-pairis'lem ashahê bcreja yaoshdûtûm* Pehl. *denmen sak atâsh apnînu
bâristânu denmen kunad âigh hamâk denmen mûn avan
varman aêsam bared i kushk pavan roshnyâ nagiritu ashrâish
arzuk râi avâist kâr u kanpak râi yoshdâsar âigh dakyâ*
d. i. diesen Segen giebt das Feuer stets allen denen, die
ihm trockenes Holz bringen, das (vorher) besichtigt wurde
(ob es frei sei von Unreinigkeit u. s. w.), das rein ist wegen
des Verlangens nach Frömmigkeit, wegen der nothwendigen
guten Werke (d. i. damit diese gefördert werden). — *hikês'*
findet sich nur hier und in Jas. 62, 10. demselben Stücke, wie
hier. Dass es 'trocken' bedeutet, kann nicht bezweifelt werden;
aber die Form ist auffallend. Es steht an der Stelle von
kushka Skr. शुष्क *s'ushka,* das sich öfter findet und scheint

nur eine dialektische Verderbung desselben; vielleicht liegt auch ein alter Schreibfehler zu Grunde. — Ueber *pairiştem* s. das Zand-Pahlavi Glossary pag. 130. 31. — *bereja* deutet die Pehlewiübersetzung als 'Verlangen, Wunsch'. Diese Bedeutung giebt aber nirgends einen recht verständlichen Sinn. und kann etymologisch auf keine Weise begründet werden. Das Wort kommt nur in bestimmten Phrasen vor, wie *bereja vankeus' ashahê bereja daênayáo vaņuhayáo misdayasnóis'* (Jas. 35, 1. 15, 1. Wisp. 6, 1. Jt. 10, 92. Gâh 5, 6). Es ist deutlich ein alter Instrumental.[13]) Die für die Erklärung nächst liegende Wurzel scheint Skr. बृह *briħ* 'wachsen' zu sein. Gegen diese Herleitung könnte man einwenden, dass diese Wurzel sich gewöhnlich in der Form *beres* in dem Zendawesta findet. Daneben finden wir auch öfter ein Denominativ *berejay*; bei diesem schwanken öfter die Lesarten zwischen *berej* und *beres*. *berejay* wird von den Pehlewi-Uebersetzern gewöhnlich durch *burzltan*, *burzidan* wiedergegeben, das Neriosengh in seiner Sanskritübersetzung des Minôkhired durch स्तापयति 'rühmen, loben' erklärt. Ob aber diess durchgängig die Bedeutung des zendischen *berejay* ist, bedarf sehr der Bestätigung. So kann man Jt. 10,108. *kahmái ásnámchid frazaiñtim usa para*[14]) *berejayêni* doch nicht übersetzen: wem soll ich die . . . Nachkommenschaft preisen, rühmen? Es kann hier nur heissen: wem soll ich die Nachkommenschaft gross machen, vermehren? In Wend. 7,52. lässt die Bedeutung 'rühmen, preisen' sich eher anwenden; dort können die Worte: *berejayáoñti-shê frafráo*

---

13) In Afrigân 1, 4. scheint daraus ein Nominativ *berejô* erst neugebildet zu sein, mit Zugrundelegung der Phrase *bereja ashahê*.

14) Diese Ausdrücke sind offenbar adverbial zu fassen und scheinen Gegensätze zu bilden.

40

nur also übersetzt werden: 'die Sterne, der Mond, die Sonne
werden ihm (dem Seligen) znjubeln (mit Jubel begrüssen);
und ich, der ich der Schöpfer *Ahura-mazda* bin, werde ihm
(ebenfalls) zujubeln: Wohl dir, der du von dem vergäng-
lichen Leben zum unvergänglichen durchgedrungen bist'.
'Segnen', wie es gefasst worden ist, giebt hier keinen Sinn,
da die Formel mit der der Selige im Himmel empfangen
wird, kein Segenswunsch, sondern ein Willkommruf ist; er
bedarf keines Segens mehr, er geniesst jetzt die Früchte
seines früheren Segens. — Für die Bedeutung 'jubeln, zujubeln' nun passt die Herleitung von *brih* 'wachsen' nicht; dagegen weisen die indischen Wurzelverzeichnisse Wurzeln wie
burh, *balh*, *valh*, denen allen die Bedeutung 'sprechen' bei-
gelegt wird, auf; *barh* 'schreien' vom Elephanten kommt
öfter vor. Mit dieser Wurzelgruppe haben wir das zendische
berejay zusammen zu bringen, das ursprünglich eben 'schreien,
jubeln' bedeutete. *berejay* in Jas. 65,11. Jt. 10,108 ist sicher
auf *brih* 'wachsen' zurückzuführen und mit der Wurzel *bereẕ*
identisch, vielleicht dafür verschrioben; in Jt. 10,90 heisst
es dagegen deutlich 'jubeln, zujubeln, zurufen', wie in den
früher besprochenen Stellen; dem Mithra rufen nämlich
Ahura-mazda, und die Amescha spentas zu: Verehrung dem
Mithra u. s. w. — Was nun die Formel *bereja vanhẽus*
ashahẽ bereja daẽnaydo vanhuydo mẽedayasmõis' betrifft, so
scheint die Mutterstelle in dem *Yasna haptanhaïti* (Jas. 35,1)
sich zu finden, woraus es in alle übrigen übergegangen ist.
Da es in Verbindung mit Worten wie *frayẽsẽ* 'ich verehre'
(Jas. 15,1) vorkommt, so müssen wir es mit dem *berejay*
'jubeln, zujubeln' in Verbindung bringen. Es ist deutlich ein
Instrumental und kann in dem Zusammenhang, in dem es
steht, nur heissen 'durch das laute Aussprechen des Gebetes
ashem vohu, und des mazdajasnischen Glaubens' (des zoroastrischen Credo). Die volle Formel ist öfter zu *ashahẽ*
bereja abgekürzt, wie an unserer Stelle; *ashahẽ* bezieht sich

aber, wie die anderen Stellen zeigen (Jas. 15,1, 35,1 u. s. w.) auf das Gebet *ashem vohú*. Diess wird bei manchen Gelegenheiten sehr laut hergesagt, respective herausgeschrieen. Eine Recitation desselben mit sehr starker Stimme ist hier gemeint.

28. Die Pehl.-Ueb. hat [15]): *múnach zak li múrún parodarsh spitámánu Zartoshtu pavan gomisak nakad u zakar var gqbná ashrubu pavan ashráish shaptr datu, mánu men zak ‾mínttu dígham bená yehubúnltu amatash musd pát daheshnu yehabúnad pavan aná jásúnil áigh amatam khának kabad chasún gunbu yehabúnt ái aj mastapar humcnái yaksad satún yak-hazár paras bévár mas bévar khortak* d. i.

und wer in guter Frömmigkeit einem frommen Manne, o Zertoscht Sapetman! ein Weibchen und ein Männchen dieses meines Vogels giebt, dass sie sich paaren, der hat dafür eine Wohnung (im Paradiese) zu erwarten, welche ich ihm geben werde; wann die Belohnungen ausgetheilt werden, so wird er eine erhalten: ich werde ihm nämlich einen Palast geben, der so gross als ein Dom sein und einen Thurm haben soll, mit hundert Säulen, tausend Terrassen, zehntausend grossen und zehntausend kleinen (Zimmern). — *fraschinbana* kann hier schwerlich etwas anderes als 'Balken' und nicht etwa 'Dach, Terrasse' heissen, da das Wort in dem Sinn von 'Steg, Brücke' (so Wend. 18,74) sonst vorkommt. — *mista* scheint 'Zimmer' zu bedeuten; denn es ist ganz natürlich, dass bei der Beschreibung eines Palastes, wie eines Hauses, die Zimmer nicht fehlen dürfen. Von den angeführten Wörtern können *stúna, fraschinbana* und *vaédhayana* diess nicht heissen; somit müssen wir das Wort dafür in *mista* suchen, wie es auch die Deuturs fassen. Die etymologische Begründung scheint für jetzt aussichtslos. — *vaédhayanem*

---

15) Ich gebe den Text nach Destur Hoschengdschi's MSS.

scheint 'Warte' zu bedeuten, wie aus Jt. 10,45 erhellt. Mithra heisst *perethu-vaêdhayana* 'der eine breite Warte hat' (Jt. 10,7).

29. PehL Uebers.: *mún sak li múrúni parôdarsh tanumasái basryâ dat rotman farvahi (ait mún sorak yemanúnit ai basryâ pavan sak patmânak benâ var gabnâ ashrubu yehabúnit) lâ varman akarsu li mún Anhuma humenam ash sak dadigar gubashnu lakhâr punsitâr yehavvinam ai khadukbâr kenâ adasi punsinad meman pandj farvapiit avan saki pahalum akhvu* d. i. wer diesem meinem Vogel Parôdarsch kleine (fingergrosse) Fleischstücke mit Fett giebt [einige nennen es *sorak*; einige sind der Ansicht, dass das Fleisch nach diesem Maasse einem frommen Manne gegeben werden soll] den worde ich, der ich Ahura-Mazda bin, zum zweitenmale nicht wieder fragen [denn einmal wird ein jeder gefragt]; denn er ist hingegangen zum ersten Leben (zur ewigen Seligkeit). Diese Stelle hat manche Dunkelheiten, die auch von der Pehlewiübersetzung nicht gelöst werden. Es ist unklar, wem das Fleisch gegeben, oder von wem es genommen werden soll. Uebersetzt man: 'wer von diesem meines Vogels Parô-darsch Fleisch .... hergiebt' so weiss man gar nicht, was man sich darunter zu denken hat. Nimmt man den Genitiv *mareghahé* im Sinne eines Dativs, so wird der Sinn verständlicher; es handelt sich darum, dass man dem Hahn kein Fleisch geben soll, wahrscheinlich, damit er nicht verdorben und faul wird. Dadurch wird das Erscheinen und die Offenbarung des Ahura-Mazda verhindert. — *tanumasó* kann nicht mit 'von der Grösse eines Körpers' gedeutet werden, da es so gar keinen Sinn giebt. Destur Hoschengdschi fasst es als 'klein'; *tanu* hat hier sicher nicht die gewöhnliche Bedeutung von 'Körper'; es muss irgend ein Maass bezeichnen. Ich habe es vermuthungsweise nur mit 'fingergross' übersetzt. — *frasha frayái*. Ich kann hier *frayái* nur als eine erste Person Imperat. Medii von *i* 'gehen' fassen

und auf Ahura-mazda beziehen. In der Parallelstelle Wend. 7,52 steht für *fraydi, fraya;* dort kann es kaum etwas anderes als zweite Person Sing. Imperativ sein, wonach jene Stelle also zu übersetzen ist: 'gehe ein zum ewigen Leben' (so jubeln dem Seligen die Sterne, der Mond u. s. w. zu). 30. *aqáthrê* (Vocat. fem.) Pehl. *akhváryá áighat nadukyá chanach lavit* d. i. die du gar nichts Gutes hast. Die Glosse ist eine Erklärung des Ausdrucks *akhváryá*, der indess nicht 'nicht essend' bedeuten kann, wie erklärt worden ist. Destur Hoschengdschi fasst es als 'uneasy'. Ueber *qáthra* s. mein Werk über die Gâthas II., pag. 64.

34. *hô bâ — mê nôiḍ dadháiti* Pehl. *sak pavan*[10]) *li men varmanshân gushnânu avvalú amat gabná kotach sak kot qâstah amat sastu áigh aitu avan gabná ashrubu pavan ashráish lâ yehabúnît* d. i. der ist der erste meiner Männer, wenn ein Mann auch nicht den geringsten Theil von seinem Eigenthum, wenn er darum gebeten wird, einem frommen Mann in Güte und Frömmigkeit giebt. Die Deutung der Worte *yaóṅhuyanãm avaretanãm* durch *kot qâstak* 'kleines Eigenthum' ist schwerlich richtig; *yáoṅhuya* bedeutet 'was anzuziehen ist' die Kleider; für *avareta* habe ich Zand-Palavi glossary pag. 84 die Bedeutung 'etwas womit noch nichts bedeckt wurde, ungebraucht, neu, von Kleidern' kurz nachgewiesen. In der That ist es Sitte bei den Pârsis neue ungebrauchte Kleidungsstücke wegzuschenken; werthlose und abgenützte dürfen nicht gegeben werden.

40. *Yaḍ ná paurva frabda frabdô-drájô framatsaiti* Pehl. *amat gabná pavan vanáskáryá ruinu farpad farpad darônâ panáj misît* d. i. wenn ein Mann auf eine sündhafte Weise einen' Prapad (ein Maass) über den Prapad (der ge-

---

10) Mehrere MSS. haben *sakpar (l)*; da das Zeichen für p für das von *lch* identisch ist, so könnte man auch *sakich li* transcribiren was vielleicht das Richtige ist.

stattet ist) hinauspisst. Destur Hoschengdschi und die andern Desturs erklären *frabda* hier als ein Maass, und zwar von der Breite einer Hand. Es ist offenbar identisch mit dem Sanskrit प्रपद् *prapada* 'der vordere Theil des Fusses, die Fussspitze', bezeichnet aber hier nur ein Maass, und zwar soviel als die Fussspitze beträgt. Den Pârsis, die in kauernder Stellung pissen müssen, ist es nicht gestattet, das Wasser zu weit hinauszulassen, damit der Boden nicht verdorben werde.

52. *mazdra*. Siehe darüber mein Werk über die Gâthâs I. pagg. 95, 96. Ich habe indess meine Auffassung geändert und schliesse mich jetzt an die traditionelle Erklärung 'verständig' an, das Wort von *man* 'denken' ableitend. Vgl. Jt. 5,91.

54. *anabdâtô*. Ein MS. Destur Hoschengdschis liest *anabdâsta*. Die Pehlewi-Version einiger MSS. hat *anâgâsthâ* 'ohne es zu wissen'; in den meisten ist diess weggelassen. Sie giebt aber offenbar keinen Sinn. Die Erklärung bietet etymologische Schwierigkeiten, wenn auch über die Bedeutung kein grosser Zweifel herrschen kann. Destur Hoschengdschi erklärt es mit 'ohne Gewand' d. i. nackt, eine Annahme, die höchst wahrscheinlich ist. Es ist wohl eine Contraction für *anaiwidâtô* 'nicht angezogen' *(aiwi = aibi* Skr. *abhi)*, wobei das *i* in *aiwi* weggefallen ist, eine im Zend gar nicht ungewöhnliche Erscheinung, vgl. *astvad* für *astivad*,. *aiwyâkhshtar* für *aiwyâkhshitar* (von *khshi*). Die Bedeutung anlangend, so bietet *aiwidâna* 'Decke, Schabracke' in *zaranyô-aiwidâna* 'mit goldener Decke' Jt. 8, 18, 20 eine passende Parallele.

55. *paschatta vaêm yôi daêva hakaḍ vaêm ava-miṇḍmaki hisvascha pivascha khshayamna* Pehl. *akhar lanman mên shêdâ humanam ash pavan aknînu lanman u bena vanâsim pavan hurvânu pahuchashnu*; denn (ergreifen) wir Dewas ihn plötzlich (und) zerstören sofort seine Zunge (und)

Fett, ihn zu einem Besessenen machend. — *ava-mivámahi*
kann nicht mit 'abmagern' übersetzt werden; denn *miv* kann
nicht so ohne weiteres mit *pivas* 'Fett' identifizirt werden,
und *ava* heisst im Zend nicht 'weg, hinweg, ab', ein Begriff,
der durch *apa* oder *ni* ausgedrückt werden muss. Wir
müssen uns an die Wurzel *miv* halten, die nur im Weda
und zwar vorzugsweise in den Bráhmanas vorkommt. Die
Scholiasten erklären sie durch *stháulya* 'Dicksein' (s. *Sáyana*
zu *Taittiriya Bráhm.* 2, 6, 10, 1. pag. 702 ed. *Rajendralála
Mitra*) und *hiṁsá*, (*Mahidhara* zur *Vájasanéyi-Saṁhitá* 28,13)
wo *miv* auf *mi* zurückgeführt ist. Die älteste Stelle, in der
es vorkommt, ist eine die Thore des Opferplatzes betreffende
Opferformel [17]), die nach dem Texte des *Taittiriya Bráh-
maṇa* also lautet:

देवी द्वार इन्द्र॰ सङ्गाते । विद्वी व्योमन्ववर्धयन् ।
ग्रा वस्तेन तरुणेन कुमारेणच मीविता अपाश्राएस् ।
रेणुक्रकाटं नुदन्ताम् [18]) mögen die göttlichen Thore, die

---

17) Es ist ein sogenannter *práisha*, d. h. eine Aufforderung zum
Hersagen eines Mantra beim Opfer, den der *Máitrávaruṇa*-Priester
an den Hotar zu richten hat, wenn er den zweiten *anuyája* beim
Opfer der Netzhaut (*vapá*) herzusagen hat.

18) In der *Vájasaneyi-Saṁhitá* sind einige kleine Abweichungen,
wovon die von मीवता für मीविता die bedeutendste ist. Mit
viel mehr Abweichungen findet sich die Formel in einem *Pasú-
máitrárāruṇa prayoga* meiner Sammlung wedischer Handschriften
(Nr. 120) der dem *Hiranyakeśi-S'ákhá* des schwarzen Jadscharweda
anzugehören scheint, wo sie also lautet: *devir dvárah saṁghâte
vidvir yâman chhitirá dhruvá devahútáu ratsa ím enás taruṇa ámimiyá
kumáro vá navajáto máiná arvá reṇukakáṭaḥ priṇak*. Schwierig zu
erklären ist *reṇukakáṭa*. Die Scholiasten sind darüber nicht einig-
Sájana versteht darunter einen dem Liebesgenuss ergebenen Penis,
was aber gar keinen Sinn giebt. Mahidhara nimmt es als eine Sand-
grube oder Staubgrube.

starken, in ihrer Verbindung, Indra auf (seinem) Gang (zum Kampfe) wachsen machen; mögen sie den schnellen *renuka-káfa* (ein Pferd?) Sand ferne halten, wenn von einem jungen Kalbe und einem Knaben an sie (die Thore) gestossen wird. In dem St. Petersburger Sanskritlexikon wird *ámivitá* als 'geöffnet' erklärt; doch sehe ich keinen triftigen Grund für diese Annahme; der Begriff 'öffnen' dürfte schwerlich auf eine solche Weise ausgedrückt werden können. Die Wurzel *mic* scheint mit *mi*, *mî* 'in den Boden schlagen, einsenken', zusammenzuhängen; hier scheint es anstossen, anschlagen, zu bedeuten. Mit der Grundbedeutung 'stossen, schlagen' kommt man an allen Stellen aus, wo das Wort sich findet. Kehren wir zum zendischen *ava-mirámahi* zurück. Diess scheint deutlich 'wir stossen an ihre Zunge und Mark', d. h. wir berühren sie, indem wir in sie fahren, zu bedeuten; denn es ist von einem Besessenwerden durch die bösen Geister die Rede, wie es auch von den Deatürs gefasst wird. — *mereghenté* muss in demselben Sinne, wie *merenchanté* 'sie tödten, verderben' genommen werden; man kann es nicht auf das sanskritische Denominativ *mrigyati* 'jagen', zurückführen, da ein solches dem Zend fremd ist. Die Pehlewiübersetzung fehlt hier. *meregh* ist ebensogut eine Erweiterung der Wurzel *mere* 'sterben', als *merench*, *merekhsh*.

61. Die Worte *kô maris'ta dbaëshanha dbaëshayêiti* sind sicher eine alte Glosse zu *kô maris'ta inti inaoiti* Pehl. *mûn pavan zak mahist kinu kininit* (wer hasst mit dem grössten Hass) und somit der beste Commentar zu dem *ân ley. inti inaoiti; inu* heisst demnach 'beleidigen', 'verletzen'; *inti* ist ein Abstractum von derselben Wurzel. Am nächsten liegt die wedische Wurzel इन्, इन्व, *in*, *inv*, die nach den Scholiasten 'geben' und 'durchdringen' bedeutet, welche Bedeutungen indess einiger Modifikationen bedürfen, wenn man in die Stellen einen genügenden Sinn hineinbringen will.

Die im St. Petersburger Wörterbuch angegebenen Bedeutungen
'eindringen auf, treiben, Gewalt brauchen, Gewalt haben,
mächtig sein, besitzen' u. s. w. sind bei der näheren Be-
trachtung der Stellen nicht immer zutreffend. Die Grundbedeutung scheint 'bewegen, treiben, hineinfahren' zu sein.
Irgend einen schlimmen Sinn hat das Wort im Weda nicht;
derselbe konnte sich aber leicht daraus entwickeln; vgl. *enas*
'Frevel, Sünde', Zend *aênaṇh.*

62. Ueber diese Stelle s. meine Schrift: 'Ueber den
gegenwärtigen Stand der Zendphilologie pagg. 39. 40.

63. *thraotô-stáchäm* Pehl. *girán-tucheshnu* 'von den
Bergen fliessend'. Die *âpô thraotô-státascha* finden sich hin
und wieder in den Zendschriften; hier haben wir *thraotô-
stách* für *thraotô-stat*; auch in Jt. 13,10 findet sich die
Variante *thraotô-stáchô*. Ich halte die Lesart *stáchô* für
richtiger als *stâtô*, da letztere keinen genügenden Sinn
giebt; *státô* könnte nur auf *stâ* 'stehen' zurückgeführt werden;
man müsste demnach 'die im *thraotô* (also etwa Teich, See)
stehenden Wasser' übersetzen. Dem sind aber die Stellen
entgegen; Jt. 13,10 haben sie *tachêñti* 'laufen', zum Verbum;
in Jt. 8,41 Jas. 68,6 heissen sie *khânyáo*Quellwasser; in Jas. 71,9
steht dafür *kháo paiti* 'in Quellen'. Aus dieser Verbindung
der *âpô thraotô-stáchô* mit Quellen folgt deutlich, dass wir
darunter von Bergen strömendes Quellwasser zu verstehen
haben, wie es auch die Pehlewiversion richtig fasst. Dass *thraotô*
geradezu 'Dorg' heisse, lässt sich freilich nicht beweisen.
Vermuthungen könnte ich manche aufstellen, doch enthalte
ich mich derselben. *stach* ist wohl nur eine vollere Form für
tach 'laufen'. —

64. *thrishûm nars' ashaonô pniti-pasti* Pehl.: *srishûta
pavan gabnâ ashrubu fráh-humatu fráh-huvakht fráh-huvarsht
ash amandagi u shakunai pirujkaryá anilâgî u ashraishach
bena sochrûntî pavan rotman punsaskn. zurtosht*, d. i. sie
raubt dem frommen Manne, der voll von guten Gedanken,

Worten und Thaten ist, den dritten Theil seiner Macht,
Stärke, seiner Sieghaftigkeit, seines Muths und seiner Frömmigkeit durch ihre Unterredungen. Für *paiti-pasti* wird am
besten mit mehreren MSS. *pniti-parsti* 'durch Unterredung,
Conversation' gelesen.

65. *Khshraêwáonhô* Pehl. *shapák*, was als 'angreifend,
losstürzend' erklärt wird. Vgl. den Zusatz zu Jas. 9,11
vanniti bareshnus in mehreren Handschriften des Jasns;
khshvaêpaya bezieht sich dort ebenfalls auf eine Schlange.
Mein Pehlewi-Persischer Wendidâd erklärt es durch *sthá*,
dessen Sinn mir nicht klar ist. Etymologisch kann man es
mit dem sanskritischen *kship* 'werfen' zusammenbringen. —
sravas'havô Pehl. *shit*, was durch 'heulend' erklärt wird.
Die Wölfe heulen, wenn sie hungrig sind. Ein 'hungriger
Wolf' giebt hier ein sehr gutes Bild. Auf *srva* 'Klaue' kann
man das Wort gar nicht zurückführen, da die Wölfe nicht
einmal zurückziehbare Klauen haben, wie die Katzen, und
in dieser Beziehung nicht besonders gefährlich sind. Es muss
auf irgend eine Wurzel *sru*, die 'schreien, heulen' bedeutet
(vgl. *ru*) zurückgeführt werden. — *yatha vá vehrkám asrô-
daidhim gaêthám avi frapataiti* Pehl. *chasún gurg nashkar
dahcshnyá amat avan gêhán panúj patêt avan gospand* (sie
ist eher zu tödten) als ein im Wald aufgewachsener Wolf,
wenn er die Schaafhürden anfüllt. Die Bedeutung von *nashkar
dahcshnyá* ist unsicher; 'ich habe nach den Angaben Destur
Hoschengdschis hier übersetzt, wenn ich auch nicht davon
befriedigt bin. *nashkar* soll 'Wald' heissen. Dies ist nicht
unwahrscheinlich, wenn man *asra* mit Sanskr. *ajra* 'Feld,
Flur', lat. *ager* zusammenbringt. Aber das Zendwort *asrô-
daidhim*, ein Prädikat der Wölfin, giebt nach dieser Erklärung
keinen irgendwie verständlichen Sinn. Mit 'Jagd' lässt sich
weder *asra* noch *nashkar* erklären, wie geschehen ist; Jagd
ist *shikár* und nicht *nashkar*. Ich habe vermuthungsweise
'Junge säugend' übersetzt, weil mir diess allein einen passenden

Sinn zu geben scheint; für *azra* kann ich freilich die Bedeutung 'Junges' nicht nachweisen, dagegen kann man *daidhîm* von *dhâ, dhâi* 'säugen' ableiten; vgl. *daênu* das Weibchen von Thier in *aspô-daênu*; Sk. *dhênu* 'Kuh'. — *yatha vâ vazaghüm hazanrô-hunâm âpem avi frapataiti* Pehl. *charûn vazgh yak-hazâr hunyâk amat var (ol) miyâ maam panôj patêi âigh pavan âibâr yen awan miyâ jaskûnêt ait mûn man zakarân nakadânu yemanûnêt* '(sie ist eher zu tödten) als ein weiblicher Frosch, der mit eintausend Jungen Fröschen schwanger ist, das ist, wenn sie auf einmal ins Wasser sich stürzt; einige sind der Ansicht, dass männliche und weibliche Frösche hier zu verstehen seien. Man hat *vazagha* mit 'Eidechse' übersetzt, was aber keinen guten Sinn giebt. Die Tradition deutet es stets als Frosch und hiemit stimmt auch das neupersische غوك , وزك 'Frosch' sehr gut überein. Die Frösche gelten bei den Pârsis desswegen für so ungemein schädlich, weil ihr Laich das Wasser verderbt. *hunyâk* ist ist eine Uebersetzung von *huna*, und eigentlich damit identisch, von der Wurzel *hu* 'schwanger werden, gebären'.

70. *afsmanivâo.* Ein Manuscript Destur Iloschengdschi's hat *asmanvâo*, wie auch mehrere andere. Die Pehl. Ueb. hat *gvârâs vardâs*, das erstere in Zend, das letztere in Pehlewicharaktern. Da *afsman,* 'Metrum, Vers, magischer Spruch' sonst nie auf diese Weise übersetzt wird, so ist die Lesart *afsmanivâo* höchst zweifelhaft. *gvârâs* wird als 'Ornament, Schmuck' erklärt. Es würde sich demnach auf das Schmücken der Opferthiere beziehen. Offenbar eine Erläuterung des schwierigen Wortes sind die Worte: *yaḍ añtare veredhka asma reja* [19]) (die Lesarten weichen jedoch etwas ab, s. die Note von Westergaard, Zendavesta I. pag. 466 Note 70,4), welche die Pehl. Ueb. beifügt. Die Destors deuten dieselben

---

19) So hat auch mein Zend-Pehlewi Wendidâd.

4

durch 'was werthvoll auf dem weichen Holz ist'. Unter dem 'Werthvollen' verstehen sie das Fett der Opferthiere, das auf sehr kleine Holzstücke mit Sandelholz und Pomeranzenholzschnitzeln gelegt und ins Feuer geworfen werden muss. Obschon die Deutung der Stelle durch die Desturs sich lexikalisch nicht wohl rechtfertigen lässt, so scheint derselben doch etwas Wahres zu Grunde zu liegen. Die Stelle bezieht sich offenbar auf Fleischstücke des Opferthiers, wie *veredhka* beweist, das in dem *Zand-Pahlavi* Glossary pag. 10,12 als 'Nieren' erklärt wird; *asma reja* (die Lesung ist zweifelhaft) scheint das Nierenfett zu bedeuten. Die Deutung des *afsmaniváo* als 'unter Hersagung von heiligen Sprüchen' wird so sehr zweifelhaft; ja sie ist eigentlich unmöglich, da kein Laie, am wenigsten noch ein Sünder, Opfersprüche hersagen darf, wie es hier der Fall wäre. Einen viel bessern Sinn giebt es, wenn wir übersetzen: 'er soll Nierenfettstücke von den getödteten Thieren dem Zotar (Hauptpriester) für das Feuer darbringen.

72. *hazaŋrem frastaretanãm baresmainê frastairyâd* Pehl.: *1000 patan panáj rastarshnyá barsom panáj ái vastarit* er soll beim Ausbreiten des Barsom eintausend ausbreiten, d. h. eintausend Bündel. *frastareta* wird von den jetzigen Parsi Desturs gewöhnlich als 'zusammengebunden' gefasst, weil die Zweige (jetzt durch Drähte ersetzt) stets mit einem gewissen Gras zusammengebunden werden. Doch kann das Wort etymologisch diess gar nicht heissen. *stare* heisst 'streuen, ausbreiten' und nicht 'binden'; auch die Pehlewiversion weiss hier nichts davon. Wahrscheinlich bezieht sich der Ausdruck auf das Schneiden der zum Barsom verwendeten Baumzweige; *frastare* wäre dann 'abschneiden, fällen'); denn von dem Gebrauch beim Gottesdienste kann hier keine Rede sein, da ein Laie, am wenigsten ein Sünder, der hier gemeint ist, gar keine gottesdienstlichen Handlungen vollziehen darf; ebensowenig darf ein solcher

Mann es binden. *baresmainé* ist deutlich Daliv sing. und kann nur 'für das Barsom' d. h. um es dazu zu verwenden, heissen. Demnach scheint *frastareta* den einzelnen abgeschnittenen, respektive gefällten Baumzweig zu bedeuten, da durch andere Fassung kein befriedigender Sinn herauskommt. Die hier angeordnete Strafe besteht einfach darin, dass der Verbrecher tausend Zweige von einem zum Barsom tauglichen Baum abzuschneiden und sie an einen Feuertempel zur Weihung und zum Gebrauche abzuliefern hat. — *gaomavaitinăm*. Pehl. *basryăhumand* 'mit Fleisch versehen'. Da indess das Fleisch schon in § 70 erwähnt ist, so möchte ich hier dem Wort *gaoma* die Bedeutung 'Milch' beilegen, da diese mit dem *homa* zusammen bei der Izeschneceremonie gebraucht wird. — Ueber *dahmô-yaoshdăta* und *dahmô-pairigharshta* s. meine Schrift 'über den gegenwärtigen Stand der Zend-philologie' pagg. 42 *pairigharshta* Pehl.: *nakirtt áigh pavan sandár dásht yekavimúntt* d. i. besichtigt, die von einem Superintendenten verwahrt sind. — *hăm-irista* Pehl. *kam-gumyá*. Diess erklärt Destur Hoschengdschi nach den gelehrten Traditionen seiner Familie durch 'Abfälle, Schnitzel'. Sie scheint mir ganz richtig zu sein und vollkommen in den Sinn und Zusammenhang der Stelle zu passen. Zur Bereitung des Homa werden kleine Schnipfelchen des Granatapfelbaumes genommen und zugleich mit den Homastückchen in den Mörser gethan und nachher geweihtes Wasser darüber gegossen. Alles diess darf nur von einem Priester vollzogen werden. Der zu Bestrafende hat bloss das Material zu liefern, darf aber selbst nichts thun. — Was die Construction des Satzes anlangt, so hängt *hasanrem saothrandm* von *hăm-irista* ab.

73. *udarô-thrásanăm* Pehl. *lálá gásánu*; nach Destur Hoschengdschi's Lesung: *lálá dahisni*; nach der meinen

Pehlewi-Persischen Wendidåd *lålå gahisma*, das durch رتار,
از شکم 'auf dem Bauche gehend' erklärt wird. Destur
Hoschengdschi deutet es als 'sich aufrichtend, erhebend zum
Angriff'. Die richtige Bedeutung von *thrås*, wofür einige
Handschriften auch *thrus* haben, lässt sich schwer ermitteln.
Es ist jedenfalls ein Verbum der Bewegung.

54

khshvaćwãonjhô 48.
marshaona 25.
mãlrdra 44.
mereghentê 46
misla 41
nmãnahê nmãnô-paiti 31, 32.
pairithnem 33.
paiti-dãna 4, Nt. L
parò-dars' 7, Nt. 9.
parôiḍ 32, 33.
qafsa 31.
qatô 28.
ravazdãm 25.
sadaytiti 34.
sraoshãcnreza 7, Nt. 8.

sravaṅhavô 48.
tanumãthra 28.
tanu-mazô 42.
thraotô-stãchãm 47.
thri-zaremaêm 25, 26.
udarô-thrãsandm 51, 52.
urvãkhs'-aɲuha 36 ff.
ushãoɲkem sũrãm 30.
vaêdhayanem 41, 42.
vareta 28.
vazagha 42.
vyãraytiti 36.
yãoɲhuya 43.
zãnu 27.
zavaṅti 28.